言語文化

간명한 언어와 문화

최동표 · 최경진 공저

신아사

서문

세계는 넓고 국가사회와 지역사회는 한 없이 많다. 그리고 그 모든 사회에는 고유한 언어의 세계가 있다. 그래서 세계에 언어는 한 없이 많다. 영어와 중국어가 당면한 세계의 공용어로 등장하고, 한자권의 수많은 언어 또한 만만치가 않다. 지금은 저마다 국경을 넘나들며 정보를 교류해야 하는 지구촌 사회의 시대이다. 자연히 언어의 문제가 엘리트들의 능력을 판가름 짓는 잣대가 된다. 외국어도 하나만 구사해서는 마음껏 능력을 발휘하기가 힘든 시절이다.

그래서 엘리트가 되기 위해서는 제2외국어에 세3외국어까지 섭렵해야 한다. 제2외국어로 영어는 기본이고, 중국어나 일본어와 같은 제3외국어까지 배우는 사람이 늘어나는 까닭이다. 어려서부터 영어 유치원을 다닐 뿐만 아니라 기회만 생기면 해외로 유학을 고려하는 것이 이 때문이다. 어렸을 때부터 배우는 외국어는 장단점이 있다. 배움이 빠른 아이들이기 때문에 적은 시간을 투자해도 뛰어난 효과를 볼 수 있으며, 발음도 좋다. 하지만 우리나라 말도 제대로 하지 못하는 아이들에게는 오히려 혼란만 줄 수 있다는 우려도 있다. 자연히 성장해서 늦게까지도 외국어를 배워야 한다. 문제는 교수법과 학습법이 날로 발달함에도 외국어는 왜 여전히 문제가 되며, 배우기도 어렵고, 생활언어로 사용하기는 더 어려운가 하는 데 있다.

언어에 대한 이해가 부족하기 때문이다. 외국어를 맞이하는 마음가짐이 아직 갖추어지지 않아서, 외국어를 이용할 줄 모르기 때문이다. 맥을 제대로 잡지 못해서이고, 스스로 타고 난 천부의 능력을 활용하지도 못한 때문이다. 자신의 뛰어난 사고력을 활용할 기회를 찾지도 못하였으니, 무턱대고 암기하려고 하나, 암기인들 제대로 될 리가 없어서이다.

현대 언어학을 통하여 언어에 대한 이해도 많이 깊어졌다. 그래서 언어는 남의 것을 외워서 하는 것이 아니라, 나의 것을 만들어서 하는 것임도 발견되었다. 모국어를 그렇게 배웠고 외국어도 그렇게 배워야 한다는 것이다.

언어의 속성을 이해하면서 외국어를 나의 언어로 만들기 위한 마음가짐을 갖추는 데 도움이 되고자 하는 것이 이 책을 쓰는 작은 바램이다. 다만 성인들이 외국어를 기분 좋게 성취할 수 있게 하는 것만이 이 책을 저술하는 목표이다.

2019. 1. 17.

최동표, 최경진 씀

목차

4. 언어와 음성

5. 언어의 습득

6. 언어와 두뇌

12. 언어와 문자

간명한 언어와 문화

1. 언어와 인간

언어란 세계의 문학가나 철학가들이 모두 일생을 파고드는 주제인 동시에 학교와 사회의 모든 구성원이 매일같이 고민하고 성찰하는 도구이다. 언어는 인간을 정의하는 필수적인 요소이며, 인간을 이해하는 가장 특징적인 특성이기도 하다. 언어에는 인간의 삶과 지식과 생각이 담겨 있고, 사회와 문화와 역사가 기록되어 있다.

우리는 말한다. 깨어 있거나 꿈을 꾸거나, 남들과 함께 있게 있거나 심지어는 혼자 있을 때라도 마음속으로 끊임없이 말을 한다. 말한다는 것은 생각한다는 것과 똑같이 자연스러운 일이다. 인간을 포함한 자연 속의 모든 존재는 소리를 내거나 향기를 풍기며, 마주 대하든 따로 떨어져 있든, 종이 다른 남이 모를 흔적을 남기든 은은한 울림을 울리든 서로 소통한다. 의사소통 수단으로서 언어가 얼마나 독특한가 하는 점은 다른 종들이 의사소통하는 방식을 인간의 언어와 비교해 보면 쉽게 알 수가 있다.

다산 정약용은 동물도 정보를 전달하고 의사를 소통할 것이라고 여긴 듯하다. 다음은 그의 시[1]이다.

---

1) 燕子初來時, 喃喃語不休. 語意雖未明, 似訴無家愁. 楡槐老多穴, 何不此淹留. 燕子復喃喃, 似與人語酬. 楡穴鸛來啄, 槐穴蛇來搜.

제비가 강남 갔다 처음 와서는
지지배배 쉼 없이 조잘거리네
말뜻이 비록 분명치는 않아도
집도 없는 근심을 하소하는 듯
느릅, 홰 늙은 나무 구멍 많은데
어째서 거기엔 머물지 않니
지지배배 지지배
제비가 다시
마치 내게 들어보라 대꾸하는 듯
느릅나무 구멍은 황새 와서 쪼고
홰나무 구멍은 뱀이 와 뒤지잖아

모든 유기체들이 그들 종의 다른 구성원들과 정보를 전달하며 소통하고 있지만, 언어를 사용하는 것은 오직 인간뿐이다. 인간은 유일하게 언어를 사용하는 종이다. 인간만큼 다양한 목적과 풍부한 내용으로 상징적 의사소통을 사용하는 인간 이외의 종은 아직 만나본 적이 없다. 인간의 상징적 의사소통은 동물들 가운데서는 예외적인 능력인 것처럼 보인다. 다른 종들도 감정과 의도 같은 내면적 과정을 의사소통하거나 비언어적 신호를 통해 행동과 계획을 통합 조정할 능력이 있지만 이들의 의사소통은 언어처럼 다양한 도구성도 없으며, 무한한 융통성도 없다.(프란스 드 발: 174)

1.1. 동물도 의사소통을 한다.

언어란 의사소통의 한 가지 수단이다. 모든 자연사물이 서로 소통하는 중에도 동물은 감정을 교류하는 방식이 그나마 인간을 빼어나게 닮은 점이 있으므로 우리는 흔히 동물도 언어를 사용하는지 곧잘 궁금해 하고는 한다. 개나 고양이는 자기들끼리 의사소통을 할 수 있다. 분절음도 아니고 이성적인 사유도 아니나 비분절적인 소리의 음악성을 통해 기본적인 감정을 교류하기도 하고, 분뇨 같은 화학적 분비물을 통해서도 서로의 정보를 공유한다. 진화론 이후 많은 학자들은 인간 이외에 꿀벌, 새, 돌고래, 침팬지 등과 같은 동물들의 의사소통 방식에 대해 많은 관심을 기울여 왔다. 인간의 언어가 지닌 독특한 특성을 부각시키기 위하여 동물들의 의사소통 방식을 조금 고찰해보면 아래와 같다.

침팬지 같은 유인원은 눈앞에서 벌어지는 특정 상황에 대한 반응으로 다른 침팬지의 감정도 알아챌 수가 있다. 원인과 결과를 연결 짓고 직관할 만큼은 충분히 똑똑한 침팬지와 같은 고등동물의 능력은 인간의 '오성(悟性: understanding)'과도 비유된다. 사유 능력의 일환으로 여겨질 수도 있다는 것이다. 동물도 감정이 있다거나 사유한다고 믿는 까닭은 바로 이 오성의 존재 때문이다. 정약용이 제비의 언어를 옮길 수 있었던 것은 제비에게도 오성이 있으리라 기대했던 때문일 것이다. 하지만 비언어적이고 인간만큼 고급스런 인지능력이 아니어서, 대개의 동물은 시간적으로나 공간적으로 분리된다면, 다른 때, 다른 장소에서 일어난 사건에 대해서는 가장 간단한 정보조차 의사소통할 수가 없다. 만약 자신을 공격해 상처를 입힌 침팬지가 우연히 옆을 지나간다면, 격분해서 내지르는 비명소리로 그 침팬지에 대한 적대감을 표시할 수가 있지만, 다른 침팬지들은 영문 모른 채 상황을 직관할 뿐이니, 그저 그 침팬지를 함께 경계하는 것이 고작일 것이다. 상처와 그 침팬지와의 관계가 전달되기를 기대하기는 어려울 일인데, 이 또한 그 침팬지가 눈앞에 있을 때에만 가능하다. 만약 그 침팬지가 앞을 지나가지 않는다면 그나마 그 침팬지에 대한 적대감조차도 정보로서 전달이 일어날 가능성은 전혀 없다.

케냐 평원에 사는 긴꼬리원숭이족의 버빗(vervet) 원숭이는 표범이나 독수리, 뱀에 대한 경고의 참조신호(referential signaling) 소리가 제각각 다르다. 이렇게 포식 동물의 종류에 따라 달라지는 소리는 생명을 구하는 의사소통 체계를 이루는데, 위험의 종류에 따라 반응도 달라져야 하기 때문이다. 예를 들어 뱀을 경고하는 소리에 대한 적절한 반응은 키 큰 풀숲에서 벌떡 일어서서 주변을 살피는 것인데, 만약 풀숲에 표범이 웅크리고 있는 경우에는 자살 행위가 될 수 있다. 어떤 원숭이 종들은 그 상황에 맞는 특별한 소리를 내는 대신에 상황에 따라서 같은 소리를 서로 다른 방식으로 결합해서 낸다.(프란스 드 발: 174)

꿀벌도 서로 의사소통할 수 있다. 꿀벌의 의사소통에 활용하는 수단으로는 화학적인 페르몬이나 물리적인 동작과 율동 등이 있다. 예컨대 경보를 울릴 때는 화학적인 작용으로 페르몬을 뿜으면서 날개로 바람을 일으켜서 퍼뜨려 적의 침입을 알리며, 여왕벌이 돌아오면 날개를 떨 때 일어나는 소리로 기쁨을 공유한다고도 한다. 보다 섬세한 꿀벌의 의사소통 방식은 프리슈(Karl Von Frisch)에 의해 처음 밝혀졌다. 밀원(蜜源)을 발견한 벌은 벌통의 다른 동료 벌들에게 꽃꿀의 양이나 종류, 혹은 밀원까지의 거리와 방향 등 필요한 정보를 춤의 형식으로 전달한다. 밀원의 장소가 가까우면 정보원 벌은 아래 〈그림 011〉의

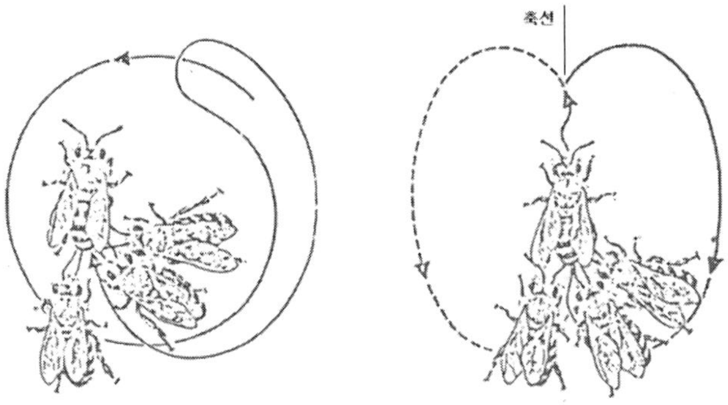

<그림 011> 원형춤(왼편)과 꼬리춤(오른편)

왼편에서처럼 서로 다른 방향으로 진행 방향을 바꿔가며 원을 그리는 원형춤을 춘다. 밀원이 벌집으로부터 멀면 정보원 벌은 돌아와 오른쪽 그림처럼 몸을 비틀면서 반원형의 모양을 그리며 춤을 춘다. 이때 멀리 떨어진 밀원의 방향은 반원형의 중심 축선의 방향으로 나타낸다. 예컨대, 춤을 추는 현 위치에서 밀원이 태양과 같은 방향에 있으면 꼬리춤이 중앙 축선을 수직으로 위를 향해 세우고, 밀원이 태양의 반대방향에 있으면 중앙 축선을 수직으로 밑을 향하게 세운 춤을 춘다. 이때 수선으로부터 축선이 지니는 각도가 바로 현 위치에서의 태양의 방향과 밀원의 방향이 이루는 각도이다. 만약 태양의 왼편이나 바른편의 직각 방향에 밀원이 있다면 춤의 중앙 축선도 수직선으로부터 왼편, 혹은 바른편으로 직각을 이루게 하므로, 지면과 수평을 이루는 춤을 춘다. 벌은 구름이 낀 날에도 태양의 위치를 알뿐 아니라 춤을 꼭 보지 않아도 전달하는 분위기로 밀원의 위치를 알아낸다.(임병빈: 20-23)

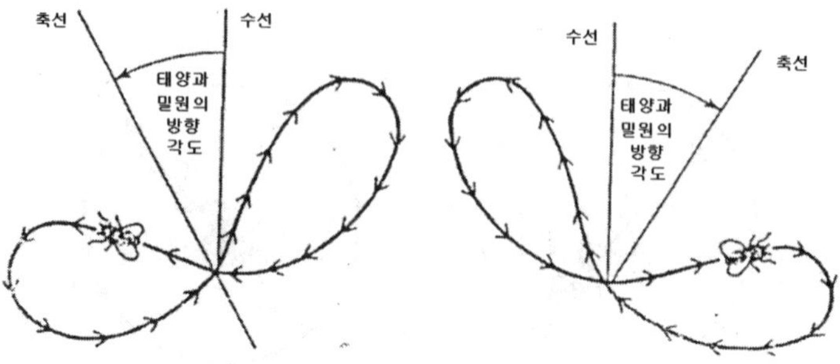

<그림 012> 낫춤

이때에는 밀원에서 찾을 수 있는 꽃꿀의 양이나 종류도 춤의 강도와 풍기는 냄새로 함께 전달한다. 밀원이 멀지도 가깝지도 않은 중간거리에 있으면 따로 〈그림 012〉처럼 긴 타원꼴의 8자형의 중심점에서, 교차하며 낫 모양으로 꺾이는 낫춤을 추는 벌들도 있다.(우윤식: 72) 수선과 중심축이 만드는 각도로, 태양의 방향으로부터 밀원이 위치하는 각도를 보이는 점은 동일하다.

돌고래들은 얘기를 주고받는다. 한 개의 수족관에서 두 마리의 돌고래를 함께 길렀다. 그리고 이 두 마리의 돌고래에게 물고기와 돌멩이의 그림을 구별하도록 가르쳤다. 그리고는 물고기의 그림을 보았을 때는 왼쪽 단추를 누르도록 하고, 돌멩이의 그림을 보았을 때는 오른쪽 단추를 누르도록 훈련시켰다. 훈련을 마친 다음 돌고래가 사는 수족관을 두 칸으로 나누고 칸마다 각각 한 마리씩의 돌고래가 들어가도록 했다. 그리고는 한 쪽 칸의 돌고래에게만 그림을 보여 주는데, 단추는 그림을 본 돌고래 쪽에가 아니라 그림을 보지 못한 돌고래 쪽에만 달아 놓았다. 어떤 일이 벌어졌을까? 그림을 보지 못한 돌고래가 단추를 눌렀다. 그런데 이 돌고래는 단추가 없는 곳에 있던 다른 돌고래에게 보여준 그림에 정확히 맞추어 단추를 누르고 있었다. 단추가 없는 칸의 돌고래에게 물고기의 그림을 보여주면 그림을 보지 못한 칸의 돌고래는 왼쪽 단추를 누르고, 돌멩이의 그림을 보여주면 오른쪽 단추를 누르는 것이었다. 어떻게 이런 일이 가능했을까? 그것은 그림을 본 돌고래가 단추를 누른 돌고래에게 어떤 방법인지는 모르지만 자기가 어떤 그림을 보았는지 알려 주었기 때문이다.(과학세대: 179-182)

고래는 뇌의 크기가 상당히 크고 무거우며, 고래의 대뇌 반구에는 사람보다 더 많은 주름이 있다. 대개 상대적으로 커다란 뇌를 가졌거나 반구의 피질에 주름이 많을수록 지능이 높다. 이 때문에 고래는 인간보다 우수한 지능을 갖추고 있을지도 모른다고 생각한 존 릴리는 인간과 돌고래 사이의 대화가 가능할 것이라고 믿었으나 결과를 얻지는 못하였다.(과학세대: 179-180) 고래는 크고 무거운 대뇌의 반구에 아주 복잡한 주름이 발달해 있다. 사람의 뇌의 무게는 1.4kg 정도이며 향유고래는 9.2kg이어서 사람보다 6배 이상 무겁지만 15m나 되는 길이에 50톤이나 나가는 몸무게와 대비하면 뇌는 1: 5435의 비율에 불과하여, 60kg의 몸부게와 뇌가 1: 43의 비율에 이르는 사람에게는 뇌의 상대적 무게가 크게 미치지 못한다. 돌고래는 뇌의 무게가 1.2kg 정도인데 이는 150kg에 이르는 몸무게와 대비하여 1: 125의 비율로 사람보다 몸무게가 무거운 동물 가운데서는 그나마 사람의 비율에 가장 근접하고 있다. 참고로 고릴라는 160kg의 몸무게에 뇌는 500g이어서 뇌는 1: 320의 그 비율을 보이며, 몸무게가 가벼운 동물로서 생쥐는 25g

의 몸무게에 뇌는 2g이어서 1: 13의 비율을 보인다.(과학세대: 185-187)

동물이 내는 소리는 반드시 우리가 생각하는 것을 의미하지는 않는다. 그것이 기능하는 방식에서 핵심은 그 소리를 듣는 존재가 그것을 어떻게 해석하느냐 하는 것이다. 게다가 대부분의 동물은 자신이 내는 소리를 인간이 단어를 배우는 식으로 배우지 않는다는 사실을 명심할 필요가 있다. 동물은 그냥 그런 소리를 갖고 태어난다. 자연적인 동물의 의사소통이 아무리 정교하다 하더라도, 이들은 인간의 단어에 무한정의 융통성을 부여하는 상징적 속성과 제약 없는 구문을 결여하고 있다.(프란스 드 발: 176-177)

1.2. 동물의 의사소통의 특성

꽃꿀을 찾은 꿀벌이 다른 벌을 부르러 벌집으로 되돌아간 사이에 꽃꿀을 그다지 멀지않은 옆으로 비켜놓거나, 또는 좀 더 멀리 옮겨 놓아도, 다른 벌들은 옮겨지기 이전 꽃꿀이 원래 놓여 있던 지점으로 몰려든다. 이는 벌의 의사소통이 우연적인 것이 아니라 일관성이 있다는 것을 말해준다. 그러나 벌집에서 수직 방향 위로 50m 높이의 장대를 세우고 그 위에 놓인 꽃꿀을 맛보게 한 후 돌려보냈더니, 다른 벌들에게 그 위치를 알려주지 못했다고 한다. 이것은 벌의 의사소통 방법이 고정되어 있고 유전적이라는 것을 알려주며, 새로운 환경에 대한 적응능력이 없음을 말해준다.(임병빈: 20-23)

인간 언어의 특수성은 인간이 아닌 다른 동물에게 인간 언어를 가르쳤을 때 다른 동물이 인간과 같이 언어를 구사할 수 있느냐 하는 점을 실험하여 보면 정확히 알 수 있다. 인간 이외의 다른 동물에게 인간 언어를 가르치는 실험의 역사는 그리 오래된 것 같지는 않다.(임병빈: 23)

침팬지 비키에게 6년 동안 영어를 가르친 결과 'mama, papa, cup, up' 등 4단어만을 구사할 수 있었다.

침팬지 와슈에게는 수화(ASL: American Sign Language)로 의사소통을 하도록 가르쳤다. 침팬지의 조음기관은 인간 언어의 발음을 발성하는 데 적합하지 않은 것 같고, 또 침팬지는 손재주가 좋은 데다 매우 모방적이고 사교적인 동물이기 때문이다. 와슈에게서는 인간의 언어에서 보편적으로 나타나는 일반화(generaligation) 현상이 발견되는데, 예를 들면 'food', 'fruit', 'drink' 같은 사인(sign)에서 그러하다. '열쇠'를 나타내는 사인의 경우 이것을 다양한 종류의 열쇠는 물론 자물쇠에로까지 일반화시켜 사용하였다. 반대의 경우로서 전문화 현상도 발견되는데, 예를 들면 'banana' 사인은 '바나나'에만, 'cherry' 사인은 '체리'에만 사용하였다.(임병빈: 23-25) 사물에 이름을 붙이는 것은 당연히 언어의 핵심 부분이며, 한때 언어학자들이 언어를 단순히 상징적 의사소통으로 정의한 적이 있었다는 사실을 잊어서는 안 된다. 유인원에게 이러한 의사소통 능력이 있음이 증명되자 그제서야 언어학자들은 기준을 높일 필요성을 느꼈고 언어에는 구문과 재귀성이 필요하다는 수정조항을 추가했다.(프란스 드 발: 163)

침팬지 와슈와 님은 수년간 훈련을 받은 후 200개 내외의 기호를 능동적으로 사용한 반면 고릴라 코코는 400개 정도를 사용한 것으로 보였다. 이 중 어떤 동물도 2세가 갓 지난 아이들이 알게 되는 1,000개의 수준에는 이르지 못 했다.(Aitchison: 25)

사슴에게서 뿔은 건강진단서와 같다. 과거에 다친 적이 있는지 말해주는 징표이기 때문이다. 건강하게 자란 사슴의 뿔은 좌우가 완벽하게 대칭을 이룬다. 만약에 어릴 때 다리를 다쳐 부러졌거나 금이 간 수컷의 뿔은 좌우가 비대칭이다. 왼쪽 다리를 다쳤으면 오른쪽 뿔이, 오른쪽 다리를 다쳤으면 왼쪽 뿔의 가지가 비정상으로 난다. 나뭇가지처럼 난 뿔이 짧거나 볼품이 없단 얘기다. 암컷 사슴은 이런 걸 단번에 안다. 뿔이 좌우 완벽하게 대칭으로 난 수컷을 일등 신랑감으로 손꼽는다. 뿔만 봐도 첫눈에 반할지 퇴짜 놓을지를 안다. 암컷 사슴이 수컷을 평가하는 과정은 저절로 일어난다. 이성적 사유의 과정을 거칠 필요가 없다. 그러므로 동물은 저절로 알고 있을 뿐, 이성적으로 사유하지 않는다. 수컷은 정말 뿔을 보여주는 것만으로도 자신의 정보를 남김없이 전달할 수가 있었을까? 수컷은 암컷이 원하는 정보를 원하는 방식으로 전할 줄을 알 수 있을까? 동물도 생각을 한다는 것은 오성적 깨달음이 있음을 말한 것이다. 아무리 고등동물이더라도 이성적 사유에 관한 한, 동물에게는 생각이 없다고 해야 할 것이다.

1.3. 인류의 진화와 언어의 창조

인류는 동물로부터 생물학적 진화를 해왔다. 그래서 인류는 궁극으로는 동물이며, 현생인류를 호모사피엔스라는 동물의 한 종으로 분류하는 이론은 이를 수용하는 가장 설득력 있는 주장이다. 호모사피엔스는 호모에렉투스로부터 진화해왔을 것으로 여겨지며, 그 증거로 곧잘 두개골의 화석이 대비되고 있다. 이런 과정을 통하여, 인류를 인류답게 만들어주는 여러 가지 특징들을 제거해 가다 보면 마침내 동물을 만나게 될 것임을 우리는 이미 알고 있다.

언어는 인류를 인류답게 만들어주는 주요한 지표이다. 그러나 제대로 된 언어를 갖추지 못한 언어 능력 이전의 인간 호모에렉투스 쯤에 이르면, 그들의 언어는 오늘날의 언어와 같지 않을 것이니, 그들이 오늘날의 언어를 만들어 쓰지는 못 했을 것이나. 오늘날의 언어가 고도의 지적 기능을 필요로 한다면 아마도 고도의 지적 기능을 아직 갖추지 못했을 것이기 때문이며, 오늘날의 언어가, 후강의 발달이라는 생물학적 특징을 요구한다면 아마도 후강의 발달이 겨우 시작되고 있었을 뿐이기 때문이다.

〈그림 013〉은 인간과 침팬지의 성도(vocal tract)를 비교해본 것이다. 인간은 침팬지에 비해 턱은 더 짧아지고, 혀는 더 둥글어지고, 구강은 천장이 오목해졌으며, 후두는 더 낮아졌다. 말을 하기에 유리하게 변한 것이다. 루소에 따르면, 태초에 인간은 언어래야 제스처와 몇몇 분절되지 않는 음만을 가지고 있었다.(장 자크 루소: 67) 즉 고생인류는 언어에 필요한 조음기관의 몇 가지 주요한 특징을 이미 갖추기 시작하고서 최소한의 분절음을 사용하기 시작했을 것이다. 침팬지의 언어학

습능력에 대한 한계를 발견하게 되면서, 인간의 성대는 말을 하기 위해 고안된 반면 침팬지는 그렇지 않음이 밝혀졌기 때문이다.

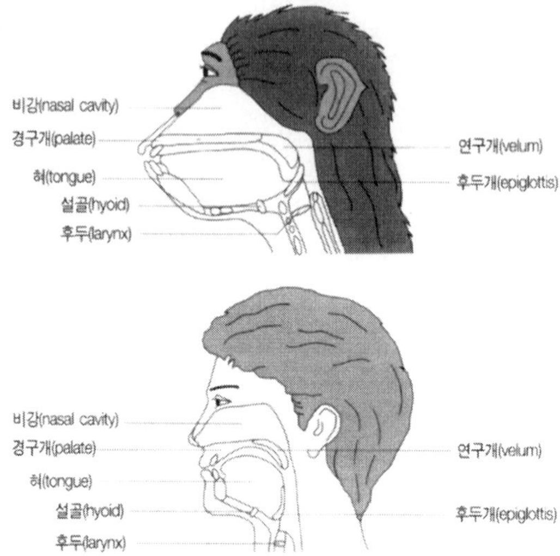

〈그림 013〉 인간과 침팬지의 성도(Paul Whitney: 8)

이 과정에서 진화론과 창조론은 서로 다툴 나위가 없다. 진화적인 창조도 있을 수 있고 창조적인 진화도 있을 수가 있으나 어느 쪽도 입증하기가 쉽지 않기 때문이다. 언어가 근원에 가까우면 가까울수록 발음의 미분화 상태를 보인다면 인간의 언어가 자유로운 생물체의 야성적인 소리에서 탄생했다는 것을 의미하나, 이 자체는 진화의 결과일 수도 있고, 창조의 방법일 수도 있기 때문이다. 창조와 진화가 모두 자연의 법칙에 근거해 있다는 뜻이며, 인간 고유의 독창인 동시에 동물적 체계 속에서의 진화인 공통분모로서 공존한다는 뜻이다. 그러므로 우리는 보다 높은 곳에 있는 존재나 자연을 구분함이 없이 잠시간 이들을 동류체로 여겨 다만 그러한 인격체, 혹은 자연체의 규범이나 법칙에만 관심을 국한시키는 것이 나을 것이다. 한국인의 언어가 국어의 24개 자모로부터 만들어진 것은 아니다. 그렇다고 이것이 진화의 증거라고 말할 수는 없다. 자모들은 훨씬 훗날에 기억의 이정표를 만들려던 불완전한 시도였을 것이니 이러한 과정 자체가 창조의 과정일 수도 있다는 것이다. 자모니 문자니 하는 것이 언어와 동시에 창조된 것이 아니므로, 언어는 신의 문법에 따른 자모에 기인하는 것이 아니라고 말할 수는 없기 때문이다. 결국 수백만 년 인간역사에 걸쳐 이루어지는 진화도 있을 것이고, 이 역사기간 두루 이루어져 온 신의 창조가 현재에도 여전히 작용하는 것일 수도 있을 것이다.

언어의 경우라면, 이는 어느 순간 인류가 수십 만 년을 두고 진화하던 그 시점의 변화들을 창조주가 주관하여 일시에 다른 동물과는 다르게 인류에게 적용시켰다는 것이니, 이를 발견하고 운용하기 시작함에서, 동물이 스스로 시행착오를 거쳤다는 것인지 창조주가 일사불란하게 주관했다는 것인지의 차이만 나뉠 뿐, 그 있어야 할 요소나 거쳐야 할 과정에서는 서로가 어느 하나도 달라질 수가 없을 것이다. 그러므로, 진화와 창조가 서로 관점상의 차이에 지나지 않으며, 실은 그 방식이 그다지 상이할 일도 아닐 것이니, 이는 훗날 다시 한 번 토론해보면 될 일일 것이다.

인류를 동물로부터 구분하는 주요한 지표 가운데 하나가 언어라고는 하나, 언어는 궁극으로 의사소통수단이다. 현생인류 호모사피엔스의 언어도 그러한 의사소통의 수단이고, 고생인류 호모에렉투스의 언어도 역시 의사소통의 수단이다. 더 나아가 고생인류 이전의 무수한 동물들도 알다시피 다들 나름의 의사소통 수단을 지녔으니, 다만 이들 동물들의 의사소통도 '언어'라고 말할 수 있는가 하는 문제는 남는다.

동물은 진화의 시작 지점에서 식물과 서로 조우하며, 이들 생물은 다시 무생물과 한 지점에서 조우할 지도 모른다. 이들이 서로 제대로 진화해온 것이라면, 동물은 그들의 의사소통수단을 비록 방식이 다를 뿐 식물과도 공유했을 것이며, 식물의 의사소통수단은 더 이르게 무생물로서 광물들과도 공유했을 것이다. 광물과 같은 무생물에게서야 '의사'라기보다는 그냥 '소통'이라고만 해야 할지도 모르나 실은 식물도 자기 나름의 의사소통을 한다. 식물은 벌, 나비를 불러 모으기 위하여 형형색색의 꽃을 피워 소통할 줄 알기 때문이다. 다만 언어를 이해하기 위해서 이성적인 소통에 앞서 동물과 식물의 소통수단 역시 폭넓게 염두에 두는 것은 도움이 될 것이다. 최소한 상황에 적절한 향기나 적절한 몸짓은 동물과 식물에게서 배울 수 있는 의사소통의 시작점이 될 것이다.

1.4. 몸짓도 소통의 수단

언어와 몸짓은 동시에 발생한다. 예를 들면 웃음이란 감정을 표현하는 사회적 행위이자 언어이전의 감정표현 수단인 비언어적 소통방식으로, 다른 포유류와도 공유하는 감정들에 속한다. 다만 생체조건상 두발로 걷는 동물이라야 웃음을 웃을 수가 있다. 웃음은 성대를 짓눌러 쥐어짜내면서 소리를 지르는 과정이기 때문이다. 개코원숭이나 침팬지는 웃는다. 심지어 가짜 웃음을 웃기도 한다. 사회적인 유대관계를 위해서이다. 포유류이므로 쥐에게도 웃음과 가까운 기본 감정이 있으나 쥐는 웃음을 웃지 못한다. 다만 뒤집어놓고 간질이면 찍찍하고 소리칠 따름인데, 그럼에도 쥐의 감정을 눈치챌 수가 있는 것은 쥐의 몸짓 때문이다. 쥐는 자신을 간질이던 손을 따라다니며 손가락을 아프지 않게 물기도 하며 장난을 건다. 몸짓을 통하여 웃음의 기본 감정을 전한 것이다. 인간은 언어로 표현할 수가 있고, 영장류는 웃음을 웃을 수가 있고, 포유류는 몸짓으로 기본감정을 전한다. 그러므로 언어는 웃음에서 유래하며 웃음은 몸짓에서 유래한 것임을 알 수가 있다.

모국어 습득 시 언어와 몸짓은 동일한 뇌 영역에서 같은 시기에 발생한다.(윤성노: 224) 모국어를 습득하는 과정은 신비롭다. 모국어를 배우는 아이들은 좋은 예와 함께 잘못된 예에도 노출된다. 아이가 틀리게 말했을 때조차도 보호자는 보통 교정해 주지 않는다. 이런 열악한 상황에서도 아이는 20개월 전후로는 두 단어를 말하며, 3세경부터는 주변 사람들과 이야기할 수 있게 된다. 사실 모국어를 습득할 때 아이들은 몸짓도 함께 체득한다. 하나보다는 상이한 두 기호시스템을 함께 활용하는 게 메시지를 주고받는 행위의 효과를 높이는 데 더 효율적이기 때문이다. 심지어 주변에 수화를 가르쳐줄 사람이 없더라도 청각장애아들은 스스로 언어를 창조한다.(윤성노: 224) 언어와 몸짓은 모두 의미 전달을 효과적으로 달성하기 위한 기호시스템이다. 언어와 몸짓을 별개로 다루기 어려운 것은 이 때문이다.

언어와 몸짓의 이중기호사용이 모국어를 배우는 아이들에만 유리한 건 아니다. 외국에서 의사소통의 어려움을 겪으며 부족한 언어 표현을 보디랭귀지로 보충하는 건 어른들에게도 유용할 때가 많다. 그래서 소통의 수단으로서 '언어'가 얼마간 무미건조하거나 심지어 갑갑하게 느껴지면, '몸짓'이나, '관습' 같은 보다 포괄적인 커뮤니케이션(메시지를 주고받는 행위) 맥락에다 언어를 섞어 넣는 여유가 필요해 보인다. 언어를 다루기에 앞서 소통을 위해 고려해야 할, 동물적, 기원적인 비언어 요소에는 몸짓, 눈짓, 손짓, 거리 등을 들 수가 있다. 언어의 이성적인 측면을 너머, 감정적인 측면에서는 인간언어의 기원으로서 동물언어의 소통방식 또한 존중하고 이를 우아하게 활용할 수 있기 때문이다. 이들 비언어적 측면도 의사소통의 시원적 요소로서 긴장된 분위기를 편안하게 만들고 사고를 유연하게 만들어 소통은 물론 언어 자체에도 영향을 미치기 때문이다.

* 눈을 마주쳐라. 동양에서는 대화 중 상대의 눈을 쳐다보는 것이 불손한 것으로 이해될 수도 있으므로, 너무 빤히 쳐다본다는 인상을 주지 않도록 하라. 다만, 영미인들에게는 마주치지 않는 눈이 관심과 신뢰도의 결여로 받아들여 지므로 상황을 고려하여 적절히 눈짓을 활용하는 것이 좋다.

* 고개를 끄덕여라. 문화에 따라서는 몸짓의 사용은 각기 정반대의 해석을 할 수 있다. 예를 들어 고개를 끄떡이는 것이 우리에게는 긍정적 의미가 되지만, 에스키모인에게는 부정을 의미하며 좌우로 고개를 젓는 것이 긍정적 의미가 된다.

* 손을 감추지 마라. 서로 손이 보이지 않는다면 대화자간의 거리와 위치가 부적절했을 수도 있어서, 유대감과 친근감을 갖기 어렵거나, 정상적 의사소통에 방해가 될 수 있다. 부주의한 옷차림과 냄새

등도 배려해야 한다.

* 거리를 조절하라. 너무 멀면 집중하기 어렵고, 너무 가까우면 부담스럽다.

비언어적 측면은 미묘하고 쉽게 의식되지 않아 언어적 측면만큼 중시되지 않지만, 비즈니스 같은 일상적 의사소통 과정에서는 청각기관 이외에도 시각, 후각 등 비언어적 측면에서 뜻밖의 영향을 받기도 한다. 언어를 학습하는 목적은 의사소통에 있다는 말의 기본적인 의미는 여기에서 시작한다.

2. 언어의 특성

프랑스의 사전 『쁘띠 로베르(Le Petit Robert)』에 따르면, '언어'는 "사람들 간에 생각을 표현하고 의사를 소통하는 기능으로 발성기관, 혹은 물리적 기호체계를 빌려 작동된다."(강옥경: 20) 곧 언어는 말과 글로 표현될 수 있다는 뜻이다. 언어는 말과 글, 그리고 독백을 다 함께 가리켜 말한 것이다. 말은 청각언어이고 글은 시각언어이다. 독백이란 청자가 없는 청각언어를 가리켜 말한 것이니, 크게 말의 범주에 속하면서 실은 입안에서 일으킨 공명이 공기를 진동시키는 과정을 거치지 못한 말이다.

2.1. 언어의 특성

언어란 본질적으로 상징에 기반을 둔 의사소통 체계로서 일차적인 소리와 의미에 기반을 두고, 사고를 체계화하기 위하여 단어와 문장을 쓰는 의사소통 수단이다.

인간에게 언어란 무엇인가? 언어가 있다는 것은 어떤 능력을 의미하는가? 코넬 대학의 교수 찰스 호켓(Charles F. Hockett, 1961)이 분류한 인간 언어의 6가지 보편적 자질과 특성은 단어의 측면, 문장의 측면, 그리고 언어수행의 측면 세 가지에 근거한 것인데, 이를 살펴보면 아래와 같다.

1) 자의성(arbitrariness): 일정한 언어의 형식은 일정한 의미를 상징하게 되는데, 이때 형식이 지니는 의미와의 연관성이 비교적 원칙이 없이 멋대로라는 속성을 말한 것이다. 형식과 의미의 결합이 자의적이라는 것은 사람을 '사람[sa:ram]'이라고 부르는 대신, 영어에서는 '맨 man[mɛn]'이라고 부르거나 중국어에서는 '런(人: rən)이라고 불러도 된다는 뜻이며, 혹은 '배'라는 소리는 '사람의 배'와 '물 위의 배', '과일 중의 배'와 '곱절의 배' 등 다양한 의미와도 결합할 수가 있다는 뜻이다. 결국 자의성이라는 언어의 자질은 이원성(duality)이라는 언어의 속성에서 비롯된다. 이원성(duality)이란 인간의 언어에는 소리의 체계와 의미의 체계가 분리 독립되어 있는 반면에, 동물의 신호에는 소리와 의미가 한 덩어리가 되어 있어 둘을 구분할 수가 없다는 점을 구분한 개념이다. 언어 기호가 이원적 체계(duality of patterning)로 이루어져 있다는 점에서 언어는 의미성(semanticity)과 자의성(arbitrariness)을 띤다. 즉 기호는 그것이 상징하는 의미를 지니되, 이때 상징되는 의미는 비교적 자유롭게 융통성을 발휘할 수 있다는 것이다. 언어 생활에 미치는 영향이 심오하므로, 아래, '2.3. 언어의 생산성'에서 다시 살펴보기로 한다.

2) 분절성(discreteness): 언어는 연속적으로 이루어져 있는 현실 세계를 불연속적인 것으로 분절하여 표현한다. 언어 기호는 연속적으로 변하는 그림같지가 않다. 따라서 끊인 곳을 메우고 잇기 위해서는 필연적으로 분절적인 기호들을 연결하고 엮어내는 일련의 기술이 요구된다. 즉, 인간은 비연속적인 어떤 것들에서 온갖 사물을 유의미한 전체, 혹은 통일체로 엮어내는 일정한 원리가 있다. 예컨대 필름이 영상

을 현장감 있게 전하는 것은 '착시현상'이라는 원리를 효과적으로 이용한 때문이다. 의미 있는 상징을 말소리에 담기 위하여서, 언어는 음절이라는 소리의 가장 작은 분절 단위와 형태소라는 의미의 가장 작은 분절 단위를 서로 짝지워 일체화시키는 데서 기본 테크닉이 시작된다. 즉 연속성의 현실을 불연속적인 분절들로 치환해 나가는 언어 과정의 테크닉은 인간에게서는 유소년기과정이면 이미 이를 천부적으로 완벽히 활용하고 있다. 성인이 사용하는 언어의 경지란 오묘하기 그지없는 상징의 세계이나, 그 연관된 테크닉이란 유소년기 아동의 양식만으로도 넉넉히 반복 훈련할 수 있을 만큼 간단하기 그지 없는 원리에 불과하다. 그러한 테크닉에 입각하지 않는다면 후천적으로 이를 이해하기가 오히려 어려운 원리가 분절성이다.

3) 창의성(creativity): 언어는 기억하고 있는 어휘 수에 제한이 있다 하더라도 새로운 단어를 언제나 만들어 낼 수 있으며 또 어휘의 다른 배합으로 만들어 낼 수 있는 통사에는 제한이 없어서, 새로운 문장을 언제나 창조해 낼 수 있다. 이는 언어의 문장이 몇 안 되는 단어들로 이루어지기는 하지만 그 단어들이 조합되는 방식은 수없이 많아서 길고 짧은 다양한 문장을 생성할 수 있기 때문이다.

단어의 임의적인 나열이 모두 합법적인 문장이 될 수 없으므로 효과적인 생산성(productivity)을 위하여, 문장을 어떻게 구성할 지 규칙성(Regularity)을 기술해 본 것이 통사론(Syntax)이다. 생산성과 규칙성은 언어학자들이 주목하는 언어의 두 측면이다. 언어의 생산성은 단문을 기본단위로 하여 수없이 변화하면서 다른 문장을 생성하는 성질이다.

문장을 생성할 때는 규칙이 허용하는 범위 안에서만 단어를 나열할 수가 있는데, 이것이 통사론, 곧 문법이다. 문법은 한 언어에서 인정되는 모든 말을 규정하거나 생성할 수 있어야 하고, 그 안에서 인정되지 않는 모든 문장을 거부할 수 있어야 한다. 문법은 세가지 규칙, 즉 통사론 이외에도 의미론(semantics)과 음운론(Phonics)의 규칙을 포함할 수 있다.

4) 교환성(interchangeability): 화자가 수시로 청자도 되고 청자는 화자가 될 수 있음을 말한다. 즉 동일한 통신자가 메시지(message)의 송신자도 될 수 있고 수신자도 될 수 있다는 말이다.

5) 초월성(전위성: displacement): 인간의 언어는 '지금'과 '여기'를 떠나 과거와 미래, 또 가까운 곳과 먼 곳에서 일어났던 사항들을 서술할 수 있으며, 언어를 사용함으로써 사람들은 물리적, 시간적인 한계에서 벗어나 이야기 할 수 있다. 현장을 공유하는 사람들과 공시적으로서 뿐만 아니라 현장을 공유하지 않은 사람들과 통시적으로서도 정보를 교환할 수가 있다. 사실무근의 거짓말도 할 수가 있다는 점은 동물세계의 언어가 현재와 현장에 관한 것을 통신하는 데에 국한되어 있을 뿐인 점과 구별되는 초월성의 특징에 근거한다.

6) 문화성(cultural transmission): 언어 전승이 문화적이지 유전적이 아니라는 말이다. 즉, 한 어린아이가 한국어를 하는 것은 그 부모가 한국인이기 때문이 아니라, 한국어 문화권 내에서 한국어를 하는 부모의 언어를 습득했기 때문인 것이다. 한국어를 하는 한국인 부모에게

서 태어난 아이라 하더라고 낳은 지 얼마 안 되어 미국으로 이민을 가면 영어를 배우게 되기 마련이다. 즉, 어떤 언어를 습득하게 되는냐 하는 것은 어떤 문화권 내에서 언어를 습득하느냐에 달려 있지, 어떤 혈통을 유전 받았느냐 하는 것과는 전혀 관계가 없다는 말이다.

2.2. 뇌 속의 언어

뇌는 언어에 대한 직관력을 가지고 있다. 갓 태어난 아기는 부모의 말소리와 기타 소음을 구분할 줄 아는 능력을 타고 난다. 나아가 성장하면서 언어를 습득하는 시기에 이르면, 문장의 통사구조가 나쁠 때 또는 문장에 의미가 결여되었을 때 이를 나쁜 문장이라고 판단할 수가 있고, 또 표면구조가 다르더라도 그 의미가 같으면 바꿔쓰기로 단정하여 어떤 문장형태가 좋은지 또는 나쁜지 그때그때 판단할 수가 있다. 뇌 속의 언어란 바로 이러한 천부의 언어적 능력을 말한 것이다. 언어적 직관력이 있으므로 우리는 문법적으로 다소 틀린 문장이라도 쉽게 이해할 수도 있으며, 애매한 통사, 의미 그리고 음운에 관하여서도 이를 적절히 이해하고 처리해 갈 수도 있다.

이러한 직관력은 어디서 오는가? 이는 앞서 언급한바 몇 가지 언어의 자질과 관련된 것이다. 모든 언어는 유전적이 아니라 문화적으로 전승이 된다. 예컨대 영어를 습득한다든가 한국어를 습득한다는 것은 문화적인 과정이다. 그러나 촘스키(Chomsky, Noam)에게서 비롯된 보편문법 이론에 따르면, 모든 언어가 지니는 자의적, 분절적인 특성과 같은 언어적 특질로서의 지식은 선천적으로 타고 나는 것이라 주장한다. 이처럼 천부적으로 부여된 언어 지식이 바로 '보편문법(Universal grammar)'이며 이러한 보편문법은 선천적으로 인간의 '언어획득장치(language acquisition device: LAD)'로서 기능을 한다. 뇌 속의 언어란 바로 이러한 천부적으로 부여된 언어 지식을 가리킨다. 보편문법은 지능과 무관하게 생득적인 것으로서, 어린이는 인지력이 미약하지만 이러한 보편문법의 힘으로 짧은 기간 동안 언어를 습득할 수 있는 것이다.

보편문법이란 모든 언어가 가지고 있는 보편적인 문법으로서, 유아들에게서 선천적으로 갖추어져 있는 언어 지식이다. 그리고 언어획득장치란 개별국가에 맞는 매개변인을 통해 이러한 보편문법을 개별문법으로 전환할 수 있도록 도와줌으로써 유아들이 언어를 쉽게 습득할 수 있게 하는 장치이다.

2.3. 언어의 생산성 - 2원성

1) 2원성의 특징

소쉬르에 따르면, 기호는 기표(記表: signifiant)와 기의(記意: signifi)로 구성된다. 물론 추상화한 기호의 대척점에는 구체적인 기호의 대상 자체, 곧 자연세계가 존재한다. 자연세계는 그 자체로서는 뇌 속에 참여할 수가 없다. 기표, 곧 시니피앙과 기의, 곧 시니피에란 다름아닌 뇌 속에서의 자연세계로서, 뇌 속의 소리와 뜻을 가리키는 소쉬르의 프랑스어이다. 소쉬르의 용어는 소리나 뜻이 가지는 동음이의적 요소와의 착각이나 혼동을 방지하기 위해서 그 효용성이 인정된다. 즉 '사

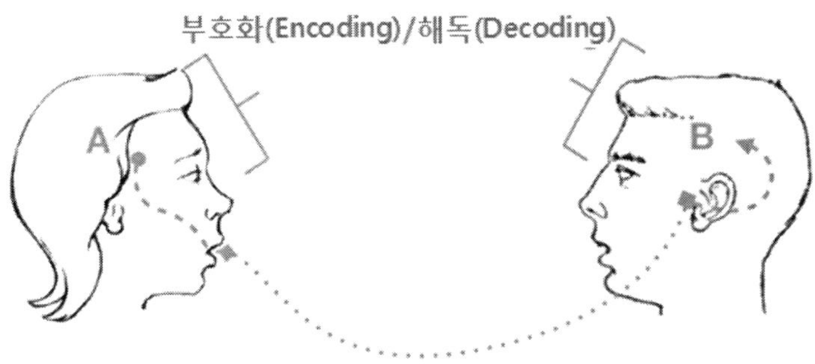

<그림 021> 의미작용(signification)

전적인 소리나 의미'등과 같은 여타의 의미로서가 아니라 개별적 화자나 청자의 '뇌 속의 소리와 의미'를 특별히 지칭한다는 의미에서 시니피앙과 시니피에는 용어로서의 그 의의가 있다. 우리의 뇌 속에서 일정한 청각영상은 일정한 의미를 생성하게 되는데, 〈그림 021〉에서처럼 공간을 마음껏 떠다니는 청각영상의 요소와 이것이 청각기관을 거쳐 뇌 속에 이르러 일정한 의미를 생성케 되는 해독(Decoding) 과정이나, 거꾸로 일정한 의미가 뇌 속에서 발성기관을 자극하면서 다시 공간속으로 자유롭게 떠나갈 일정한 청각영상으로 치환되는 부호화(Encoding) 과정에서처럼 시니피앙과 시니피에는 뇌 속에서 서로 결합, 분리를 거듭하면서 흡사 동전의 양면처럼 공존하는 듯한 인상을 준다. 소리와 의미가 한덩어리가 되어 있어 둘을 구분할 수가 없는 동물의 신호와 달리 인간의 언어는 이처럼 소리의 체계와 의미의 체계가 분리 독립되어 있다. 소리와 의미가 분리 독립한 자질과 특성이 언어의 2원성이다.

부호화와 해독, 곧 자기 생각을 표현하거나 다른 사람의 생각을 읽어 내는 행위를 의미작용(signification: 의미화, 즉 기호의 생산과 해득작용)이라 한다. 의미작용이 효과적이고 커뮤니케이션(메시지를 주고받는 행위)이 원활할 때 의사소통은 비로소 효과적으로 이루어진다.

때로는 물리적 기호체계로서의 시각영상인 글이 뇌에 도달할 때에도 일반적으로는 뇌 속에 이르러서야 시니피앙을 불러일으키고 다시 걸맞은 시니피에와 결합할 수도 있으나 여기서는 우선 청각언어에 집중하여 언어를 토론하기로 하므로, 특수하게도 뇌 속의 시니피앙을 자극하지 못하는 경우의 수화 등은 잠시 논외로 한다.

2) 2원성 각각의 자의성

기원적으로, 시니피앙[형식, 소리]과 시니피에[의미, 뜻]의 결합은 자의적이다. 기원적이라고 한 것은 사회화하기 까지를 말한 것이다. 우리가 사회화한 이후에 일정한 시니피앙은 일정한 시니피에와 결합하도록 학습되는데, 이는 이미 자의성의 범주가 제한되거나 한정된 상태이다. 우리는 이를 언어의 구속성이라고도 말할 수가 있다. 물론 이러한 구속성은 개인적으로 발생하는 문제의 범주를 넘어 사회적으로 약정된 상태임을 가리킨 것이나, 그러함에도 시니피앙은 여전히 일정부분 자의적인 경향으로서 남아있다. 2원성이 자의적으로 작동하다보니 그 자의적 현상은 경우에 따라서는 그다지 간단하지가 않으므로, 여기서는 이러한 자의적 현상을, 2원성의 '시니피앙' 측면과 '시니피에' 측면 각각에 초점을 맞추어 각각의 관점을 제한하면서 살펴보기로 한다.

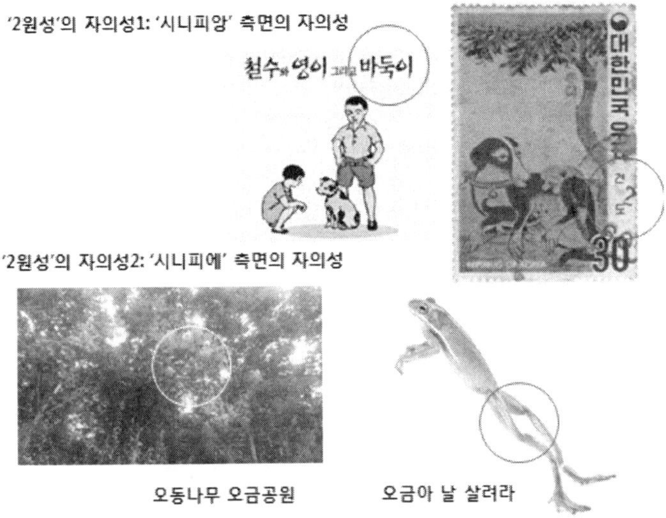

<그림 022> 시니피앙과 시니피에의 자의성

(1) 시니피앙 측면의 자의성

예컨대, 중국어와 영어를 하는 한국인이라면 그의 뇌 속에서 시니피앙 '사람[sa:ram]', '맨man[mεn]', '런人[rən]'은 동일한 시니피에와 결합한다. 마찬가지로 프랑스의 '시엥 chien[ʃiɛ̃]'과 영어의 '독dog[dɔ:g]', 혹은 '닥dog[dɒg]'은 '개'라는 동일한 동물을 지칭한다. 이처럼 서로 다른 시니피앙은 뇌 속에서 서로 같은 시니피에와 결합하는 특성을 지니고 있다.

때로 의성어는 자의적인 성격이 약하다고 여기는 경향이 있으나, 이 또한 꼭 그렇지만은 않은 것이, '꼬끼오'라는 소리는 비록 이것이 배타적으로 닭의 울음소리임을 알게 해주나, 닭은 예외없이 '꼬끼오'라고만 우는 것은 아니어서 '꼬꼬댁', 즉 '닭'이라고 울어도 역시 닭의 울음소리이기 때문이며, 마찬가지로 '중국어'를 하는 사람들에게서는 닭은 '지(鷄: ji)'라고 울며, '영어'를 하는 사람들에게서 닭은 '코커두들디(Cock-a-doodle-doo)'라고 울며, 프랑스인에게는 닭이 '꼬꼬리코(cocorico)'라고 울므로 이 또한 자의적임에는 별 차이가 없다.

시니피앙의 자의성은 시대에 따라서도 관찰된다. 예컨대 '사슴'을 신문화시기에는 '사ᄉᆞᆷ'이라고 불렀거나, '가을'을 '가ᅀᆞᆯ'이라 했다는 예가 이러하다. 호랑이는 '범'보다 비교적 늦게 쓰인 말이나 현재에는 똑같이 모두가 쓰여 지고 있어서, 만약 시니피에로서의 '범'이 '범'이라는 소리만을 독점적인 시니피앙으로 허용하고 있었다면 범을 다시 '호랑이'라고 부를 수는 없었을 것이다. 〈그림 022〉의 '시니피앙 측면의 자의성'에 예시된 '바둑이'와 '견'은 양자가 서로 무관해 보이나, '바둑이'는 스페인어의 '빼로(perro)'나 영어의 '독(dog)'과 흡사 시니피앙의 일부에 유사성이 남은 듯하며, '견(犬)'은 이탈리아어의 '까네(cane)'나, 중국어의 '취엔(quan: 犬)', 혹은 프랑스어의 '시엥(chien)'과의 사이에 역시 일부 시니피앙에 유사성이 남은 듯한 점은 자의적인 가운데서도 근원이 같은 느낌을 주는 시니피앙들이다.

(2) 시니피에 측면의 자의성

때로는 동일한 '시니피앙'이 서로 다른 '시니피에'를 지니기도 한다. '동음이의어'에 해당하는 말들이 이것인데, 예컨대, '배'라는 소리는 '사람의 배'와 '물 건너는 배', '과일중의 배'와 '곱절의 배' 등 다양한 의미와 결합할 수가 있는데, 만약 시니피앙 '배'가 '사람의 배'라는 의미만을 독점적인 시니피에로 선택해야 했다면, 이번에는 거꾸로 '물 건너는 배'나 '과일중의 배'는 다시는 '배'라고 부를 수가 없었을 것이다. 〈그림 022〉의 '시니피에 측면의 자의성'에서 예시한 '오금'은 서울의 '오금공원'에서처럼 '오동나무 거문고(梧琴)'라는 뜻이기도 하면서, '오금이 저린다'고 할 때처럼 '무릎 관절 안쪽의 오목한 부분'의 신체이기도 하다.

2.4. 언어의 생산성 - 분절성

문장은 '어절-낱말-형태소-----음절-음소'로 분절된다. 형태소와 음절 사이에는 그 간격이 크게(---) 나뉘어 있는데, 이는 형태소까지의 그 이전 단위는 모두 소리와 뜻의 양면을 갖춘 것이고, 그 다음 음절 부터의 단위에는 뜻의 측면은 없이 오직 소리의 측면만 갖추고 있다는 자질상의 차이를 구분한 것이다.(허웅: 20) 다시 말하면 음절 이하의 단위에서는 뇌 속에 이르더라도 일정한 시니피에를 동반하는 시니피앙으로 인정받지를 못한다는 것이니, 일정한 소리가 뇌 속에서 의미를 동반하기 위해서는 형태소의 단계에 도달해야 하며, 따라서 성인들의 뇌 속에서 음절과 음소는 언어로서 취급되지 않을 것임을 알 수 있다.

유아시기의 옹알이기간은 바로 이처럼 언어로서 취급되지 않는 소리의 단계로서, 음소를 다양하게 조합하여 일단 음절들의 체계를 완성하는 과정을 숙달하는 훈련 과정에 해당한다. 설사 발성기관을 통제하기 까지 시기가 좀 늦어질 경우에도 아동의 뇌는 대개 성인들의 발음을 정확히 인지하고 있다. 즉, 뇌 속의 언어능력은 발성기관의 언어능력을 앞서고 있음을 알 수 있다.

말은 문장으로 구성되며 모든 문장은 위와 같은 일련의 단위로 그 마디마디가 분절하는, 곧 쪼개지는 성질을 지니고 있다. 이후 적절한 때에 다시 살펴보아야 할만큼 중요한 문제이지만, 촘스키는 우리의 심리에서 일어나는 이러한 분절은, 크게 상관하는 두 가지 구성소로 양분되기를 거듭하며 원소화 한다. 혹은 이와 반대로, 인력이 상호 작용하고 있는, 서로 직접 관련되는 두 가지 상관 성분들이 단계별로 차근차근 결합해나가는, 이른바 층차적인 조합을 통하여 점차 문장화해간다고 여겼는데, 이것이 나무의 모양[樹形]을 이룰것으로 상정함으로써 언어의 생산성을 이해하는 가장 중요한 근거를 바로 이 분절의 속성에서 발견하고 있다. 이상 '어절-낱말-형태소-----음절-음소'에 이르는 단위 각각을 간단히 이해해보자면 아래와 같다.

* 음소: 소리나 의미를 분화시키는 최소의 음성단위. 소리나 의미를 변별시키는 낱낱의 분절음.

* 음절: 발음 가능한 최소의 단위. 동일한 발음기능을 제대로 수행하기 위해서는 더 이상 쪼갤 수 없다. 더 이상 쪼개면 고유한 발음을 제대로 발성할 수가 없는, 자음, 모음과 같은 분절음소가 이어져 만들어진 단위이다. 한글은 낱글자를 음절 단위로 모아쓰게 되어 있다. 이른바 초성, 중성, 종성을 모아쓴다. 그래서 영어와 달리 한글은 한 개의 글자가 곧 하나의 음절을 이룬다.

* 형태소: 의미를 가지는 가장 작은 언어단위. 그러므로 형태소는 더 쪼개면 전혀 의미가 없어지거나 또는 이전의 의미와 관련되는 의미가 없어지는 문법단위

* 낱말(단어): 문법적 분석의 대상이 되는 최소의 단위. 분리하여 자립적으로 쓸 수 있는 말이나 이에 준하는 말. 또는 그 말의 뒤에 붙어서 문법적 기능을 나타내는 말

* 어절: 국어에서는 보통 띄어쓰기를 하는 단위. 체언에 조사가 붙거나 용언에 어미가 붙은 말을 가리키는 문법 단위로, 띄어쓰기의 단위와 일치한다. 조사란 비록 한국어에서는 단어의 지위를 가지나 결국은 '체언의 어미'에 해당하므로, 체언과 용언의 어미들은 얼마간 형태변화어의 변화꼴과 동일시할 수 있다. 한국어는 어미와 조사를 활용하여, 주로 문장의 성분과 역할을 규정으므로, 결국 한국어의 단위의 '단어'와 '어절'은 결국 형태변화어의 '단어'를 서로 다른 단계에서 설명한 것으로서, 동일시할 수가 있다는 새로운 관점은 가령 외국인에게 단어의 의미를 이해시키기 위한 유용한 발상의 전환이라 할 수 있을 것이다.

예) 앞서 설명한 문장의 단위들 가운데서도 유의미한 분절단위들인 '어절-낱말-형태소'를 적용하여, "나는 불을 끄고 자리에 눕는다"라는 문장의 분절성을 설명해본다면 아래와 같다.

나-는 불-을 끄+고 자리-에 눕+는+다; 문장

* 어절(영어의 단어 개념과 유사한 속성)

나-는, 불-을, 자리-에(조사) ; 3어절(2낱말 1어절)

끄+고, 눕+는+다(어미) ; 2어절(1낱말 1어절)

* 낱말(한국어의 단어)

나, 는, 불, 을, 끄고, 자리, 에, 눕는다 ; 8낱말

* 형태소(의미 최소 단위)

나, 는, 불, 을, 끄, 고, 자리, 에, 눕, 는, 다 ; 11형태소

3. 언어의 수행

언어는 말소리와 함께 생성된다. 말소리는 의미와 청각이미지가 결합한 기호체계이다. 이때 의미와 청각이미지란 지극히 추상적이고 개별적인 실체로서 개인의 개별적 뇌 속 이미지를 말한 것이다. 마음속으로 이와 같은 청각이미지를 회상해내는 것부터 누군가 다른 사람의 귓전에 청각이미지를 전달하는 것과, 이처럼 전달받은 청각이미지를 해독하는 것, 그리고 이러한 청각이미지를 문자를 통하여 시각화하는 것도 모두가 언어적 행동이다. 따라서 만약 영아에게서 의미화한 청각이미지가 채 형성되지 않았다면 이 영아에게는 아직 언어가 습득되지 않은 것이며, 비록 장애가 있어 귀로 말을 듣거나 입으로 말해보지는 못했으므로, 엄격한 의미에서 청각이미지가 아닐지라도 그들만의 기호가 뇌 속에서 체계를 이루고 있다면 그들은 언어를 가지고 있는 것이다. 수화가 이것이다.

우리가 말할 수 있게 해주는 기관과 능력, 곧 발성 기관과 조음 능력은 자연으로부터 주어진 것이므로, 굳이 따로 배울 필요도 없다. 그러나 언어는 학습되어야 하고, 또 학습이 가능한 사회를 반드시 필요로 한다. 아기 때부터 수년간 고립, 격리의 시간을 보낸 후에 수용, 받아들여진 '야생의 아이들'의 경우를 생각해본다면 이를 분명히 밝힐 수가 있을 것이다. 그들은 말할 수 있는 기관과 능력을 갖추었지만 언어가 습득될 수 있는 사회적 여건이 없었기 때문에 천부의 기능을 적절히 사용하지는 못한다.

언어란 의심할 여지없이, 인간에게 있어서 자연스러운 능력이나, 구별되는 생각에 상응하는 기호 시스템을 구성하며 원활히 이를 수행하기 위해서는 다음과 같은 세 가지 단계가 원활히 준비되고, 연결되어 서로 부응해야만 한다. 언어의 기호화 과정과 사회화 과정, 개별화 과정이 이것이다. 아래에서는 이 단계들을 차례로 살펴보겠다.

3.1. 언어의 기호화 과정: 시니피앙과 시니피에

기호로서 언어는 일정한 의미성(semanticity)을 지닌다. 이러한 의미를 통하여 언어 기호는 세상의 사물과 연결되어 있다. 즉 이론상 인간의 언어는 이러한 기호의 의미성을 통하여 세상 온갖 사물을 수용, 뇌 속에 내재화할 수 있다. 언어기호가 뇌 속에서 지니는 이러한 의미성이 '시니피에'이며, 시니피에를 촉발시키는 기호가 '시니피앙'이다. 언어가 구현되는 과정의 가장 기본적인 과정은 뇌 속에서, 심리적으로 존재한다. 이것이 말소리와 의미가 결합되는 기호의 세계이다. 기호는 기표(記表: signifiant)와 기의(記意: signifié)로 구성된다. 추상화한 기호의 대척점에는 구체적인 기호의 대상, 곧 실제로서의 세계가 대응되기도 한다.

더러 이러한 시니피에가 서로 상이한 시니피앙을 함께 지니기도 하며, 동일한 시니피앙이 상이한 시니피에를 지니기도 하는바, 곧 자의성(arbitrariness)이라 불리우는 주요한 언어의 자질을 낳기도 한다. 이는 언어 기호와 그것이 나타내는 대상 사이에는 아무런 필연성이 없거나 혹은 전혀 우연적이지는 않을 때에도 그 개연성이 약함을 나타낸다. 예를 들면, '말(馬)'은 영어로는 '호스(horse)'이며, 독일어로는 '피어트(Pferd)'이며, 불어로는 '셔발르 (cheval)'이다. 즉 인간의 언어는 이러한 기호의 임의적인 속성을 통하여 세상 온갖 사물을 언제나 좀 다르게, 다시 또 새롭게 해석할 수가 있다.

기호로서 언어가 지니는 일정한 의미성은 인간에게 무한한 영감을 던져준다. 〈반야바라밀다심경〉에 따르면, "모든 물질(色)은 헛것(空)이나 다름없으니, 헛것(空)은 모든 물질(色)이나 다름없다. 이에 물질(色)은 바로 헛것(空)이고, 헛것(空)이 바로 물질(色)이다."[2] 모든 것이 있다가는 달라지고 달라지다가는 없어지는 법이니, 꽃은 피고 지고하지만 피고 지는 꽃 그 자체는 결코 없어지지 않는 것임을 발견하였으니, 이 미지에 대한 이러한 깨달음은 다름 아닌 현실적인 물질계와 기호적인 의미계의 차이에 기인하는 영감이다. 기호의 의미계란 곧 플라톤이 말한 이데아(Idea)[3], 곧 관념의 세계에 가까운 것이다. 고양이의 이데아는 눈앞에 고양이가 나타났다고 생겨나는 것도 아니며, 모습을 감추었다고 없어지는 것도 아니니, 시공 속에서 자리를 차지하지 않고서도 뇌 속에 영원히 존재한다. 그러므로 이데아란 바로 기호적 의미의 세계가 아닌가?(허웅: 5-6)

시공 중에서 자리를 차지하지 않고서도 영원히 존재하기 위하여, '시니피에'는 어떻게 뇌 속에 자리잡는가? 첫째, 말은 기억된다. 그러나 평생토록 말하는 온전한 문장의 수란 무한히 많으므로 문장을 다

2) 色不異空, 空不異色. 色卽是空, 空卽是色.

3) 감성을 초월한 비물질적이고 절대적이고 영원한 실재이다.

기억한다는 것은 가능하지도 않고 효율적이지도 않다. 필요하면 그때그때 만들어내 활용하는 것이 낫기 때문이다. 그러니 기억되어야 할 것은 문장이 아니라 단어이다. 단어는 대개 5만 개 정도면 충분히 쓸 만한 양이 된다. 학교교육을 받은 영어의 성인 원어민이 알고 있고 잠재적으로 사용할 수 있는 단어의 숫자가 5만보다 적지는 않고, 어쩌면 이보다 훨씬 클 수도 있다.(Aitchison: 25) 따라서 기본적으로는 낱말의 형태로서의 시니피에와 시니피앙의 형태를 기억하게 되는 것이다. 효과적이고 효율적이기 때문이다.

둘째, 시니피에와 시니피앙의 형태로 낱말만 기억했다고 자유자재로 말을 할 수 있는 것은 아니다. 무한 수의 문장을 만들기 위해서는 이것들을 얽어매는 규칙, 곧 통사규칙도 기억되어야 한다. 따라서 우리들의 뇌 속에는 단어를 중심으로 낱말 형태와 함께 통사규칙이 기억되어 있어야 한다. 모국어와 달리 외국어가 어렵게 느껴지는 이유는 이미 뇌가 일정하게 성장을 마친 다음 이루어지기에는 단어를 기억하는 것만도 급급한 일이지만 이러한 통사규칙이 짧은 시간에 숙달되기가 어려운 데 더 큰 원인이 있을 것이다. 그래서 외국어를 학습한다면, 단어와 함께 비교적 규범적인 외국어의 통사규칙에 보다 빨리 숙달하기 위한 특별한 배려가 요구될 것이다. 통사규칙을 따르는 시니피에와 시니피앙의 기본적인 결합형태를 우리는 '구'라고 부른다. '구' 가운데서도 '주어'를 포함하는 '구'를 '절'이라고도 부르나, '절'은 '구'의 발전형태이므로 여전히 '구' 중심의 시니피에와 시니피앙의 집합이 기본적인 통사구조로 남는다. 언어마다 구는 한정된 결합형태 밖에는 갖지 않는다. '주어 + 술어'구와 '술어 + 목적어'구 혹은 반대 구조, '관형어 + 중심어'구와 '부사어 + 중심어'구, 혹은 반대구조, '부가어

+ 중심어'구 혹은 반대구조 등 몇 가지면 대개의 구구조를 다 섭렵할 수 있다. 이들을 무엇이라고 불러도 상관이 없고 실제로 개별언어마다 통사론은 서로 다른 시스템을 갖겠지만 그 기본적인 구구조란 모두가 한정적일 수밖에 없다. 이들을 운용하면 되기 때문이다. 외국어를 학습할 때 통사구조를 훈련하기 위하여 반드시 배려해야만 할 유용한 기억수단이 '구구조'일 수밖에 없는 까닭이 여기에 있다.

3.2. 언어의 사회화 과정: 랑그와 빠롤

언어학에서 구조주의 관점을 처음으로 제시한 학자는 스위스의 언어학자 소쉬르(Saussure, Ferdinand de)이다. 그에 따르면, 이상적인 언어활동 가운데서 언어는 분절적인 단위 상태로서 분리되거나 결합하는 자연스러운 어순을 형성한다. 여기서 '자연적'이라고 하는 것은 언어가 그 어떤 외부의 물리적 발화행위에 방해받지도 않고, 그 어떤 특수한 인간이나 정부의 창조물도 아닌 상태를 가리킨다. 사회에 의해 고의적으로, 의식적으로 정해진 모든 합의와는 구분되고, 모든 의도적인 변화의 시도로부터도 보호되는 이러한 뇌 속의 언어를 소쉬르는 '랑그'라고 일컫는다. 그리하여 그는 언어란 체계이되, 그 체계는 기호의 체계이며, 기호는 뜻과 말소리, 즉 기표와 기의가 결합한 것임과, 이들의 관계는 본질적으로 자의적임과, 언어기호의 가치는 다른 기호와의 대립 관계에서 생겨난다는 점과 따라서 기호란 체계로서 연구되어야 함을 제시했다. 개개의 사실을 고립시켜 보지 말고 항상 전체로서 보아야 하고, 또한 모든 사실은 체계 내에서 결정된다고 하는 것이 그의 생각이다. 그가 제시한 기호학은 이처럼 언어기호의 자의성 문제를 출발점으로 삼아 창시된 것이다.

이에 소쉬르는 인간언어를 두 가지 시각에서 정의하였다. 사회적이고 관습적인 규약의 체계를 지닌, 한 언어 공동체에서 통용되는 언어를 랑그(보편규범어)라고 불렀고, 이 규약의 체계를 개인이 운용하여 사용하는 방식을 빠롤(개인발화어)라고 불렀다. 랑그는 사회 구성원이 모두 공유하는 체계이므로 사회성과 체계성을 가지며, 빠롤은 각 구성원이 부려 쓰는 방식이므로 개인성과 변이성을 갖는다. 언어는 저마다 사람들에게서 다르게 개성적으로 사용된다. 같은 사람이 내뱉는 말이면서도 아침과 저녁의 말이 기분과 상황에 따라 '아' 다르고, '어' 달라진다. 개인마다, 혹은 한 개인에게서도 다른 이러한 특성의 언어를, 보편규범어에 대하여 '개인적 발화어', 곧 빠롤이라고 부른다. 언어는 지역과 시대를 따라서도 그 모습을 달리한다. 이 때는 빠롤(개인발화어)처럼 랑그(보편규범어 곧, 언어)조차 변할 수도 있겠으나, 빠롤과 랑그는 이처럼 변해도 그 체계성은 좀처럼 잃어버리지 않는다. 이를 밝힌 것은 19세기 이래 언어학자들의 업적 가운데 하나이다. 어떤 언어든 역사적으로는 변화할 수밖에 없는데, 주요한 언어변화는 규칙적이어서 언어가 여러 가지 변화를 겪으면서도 그 문법 전체는 또 다른 안정적 체계를 향해 변화한다는 것이다.

소쉬르는 언어란 무엇보다도 사회현상이라고 보았다. 이에, 랑그란 '추상적인 질서로서의 언어'이니, 언어활동이 갖는 능력의 사회적 소산이며, 이 능력의 행사를 개인에게 허용하게끔 사회가 채택한 사회제도이기도 하다. 언어활동은 비록 선천적으로 부여받은 능력이나 그 목적은 상호간의 이해를 도모하고 이를 달성하는 데 있는 것이니, 사회생활을 통해서만 실현된다는 점에서, 사람의 호흡이나 보행 등의 본능과는 뚜렷하게 구별되어야 하는 것이다.

그러므로 랑그란 뇌 속의 언어로서, 지금 어떤 개념, 시니피에가 그에 걸맞은 청각영상, 곧 시니피앙을 머릿속에서 일으켰다고 한다면, 완전히 심리적 현상에 속하는 이러한 상태의 언어를 가리키는 말이다. 시니피에가 뇌 속에서 시니피앙과 결합하며 일어난 심리적인 언어, 랑그가 뇌수를 통하여 음성기관에 대해서 이러한 영상에 걸맞은 자극을 전하게 되면 발성기관이 물리적으로 음파를 일으켜 입에서 귀로 소리가 전해지게 되므로, 이때 '구체적 사실로서의 언어'인 빠롤이 나타나게 된다. 그러므로 랑그는 보다 심리적이며 본질적인 언어인데 반하여 빠롤은 물리적이며 변화무쌍한 언어이다.

〈반야바라밀다심경〉에 따르면, "모든 물질(色)은 헛것(空)이나 다름없으니, 헛것(空)은 모든 물질(色)이나 다름없다." 이데아가 원래 '이상'이나 '관념'이라는 뜻이니까 헛것(空)에 가깝다고 여겨지므로, 랑그를 불변하는 이데아(空)의 세계라고 간주한다면, 그 반대편에는 기호의 대상이 되는 '현실', 곧 '물질(色)'의 세계가 있을 것이다. 이에 빠롤은 랑그를 현실의 물질계에 이어주는 기능을 하므로 물질의 세계에 한발 더 다가선 상태의 물거품같은 물질(色)에 가까운 언어라고 하겠다. 빠롤은 물질적이요, 순간적이요, 우발적이요, 사회 속에 모습을 드러내고 있으나마 가장 개인적이기 때문에 그 모습은 걷잡을 수 없이 혼돈스러운데, 이를 어수선하게 만드는 요소는 무한하다. 예컨대 소리는 상황이나 조건에 따라 우발적이어서 동일한 사람이 발음하는 소리가 얼마나 될 지를 이루 다 알 수가 없고, 그 결과 엮여져 발화될 문장 또한 그 가능성이 무한하다.

다만, 뇌 속의 랑그는 사회화 과정을 거쳐 형성되었을 뿐 우발적, 개인적 특수성이 제거된 상태로서 유한한 언어의 세계이므로, 기억된 낱말의 수 또한 유한하며 기억된 통사규칙 또한 유한한 데 반하여, 발성기관을 작동시키기 위하여 정신생리적(psychophysique)으로 활성화한 심리상 독백의 상태로부터 물리적인 현상에 관여하는 발화와 청취 과정으로서의 빠롤은 무한한 언어의 세계를 형성하게 된다. 혼자서 생각을 할 때는 머리 속에서 말을 하게 되는데, 비록 말이 소리로 나타나지는 않았으나 발화와 청취의 과정이 머리 속에서 수행되고 있기 때문에 독백은 여전히 빠롤의 세계에 해당하며, 당연히 청자는 화자 자신이다. 원래 랑그는 빠롤을 통해서 머리 속에 저장된 것이며, 빠롤은 다시 그 랑그를 구현해낸 것이기 때문에 서로 뗄 수 없는 관계를 맺는다. 소쉬르에 따르면, 랑그는 빠롤의 도구요, 동시에 빠롤이 만들어낸 것이니 이러한 정신활동의 전체가 곧 '언어활동(Language)'을 이룬다. 여기서 주의할 점은 랑그는 빠롤의 연모이니, 이 연모를 쓰는 사람은 곧 '화자' 자신이며, 빠롤이 다시 랑그로 저장되는 것이니 이때 빠롤을 통하여 랑그를 기억하는 사람 또한 '화자'나 '청자' 자신이므로, 눈에 띄는 '언어활동'이란 결국 '화자'와 '청자'의 변화된 행동일 뿐이란 점이다. 눈에 띄는 화자와 청자의 보다 부차적이고 개인적인 행동변화를 미루어 눈에 띄지 않는 뇌 속에 일어나는 보다 본질적이고 사회적인 정수와 성취를 이해하고 미루어 짐작하는 과업이야말로 '언어활동'에 대한 이해를 높이고 이를 조장하는 일이다.

3.3. 언어의 개별화 과정: 능력과 수행

소쉬르의 랑그와 빠롤 개념은 미국 언어학자 촘스키에게 이르면 언어능력과 언어수행의 측면으로 관심이 바뀌고 있다. 촘스키는 인간이 언어를 습득하여 사용할 수 있는 능력은 타고나는 것이며, 이 능력은 심리적으로 실재하는 것이라고 가정한다. 촘스키는 언어습득의 측면에서 행동주의자들과 관점을 달리하고 있다. 즉 언어는 다른 사람들이 산출한 문장을 단지 기계적으로 모방해서 앵무새처럼 반복함으로써 습득하는 것이 아니라 언어를 배우는 어린이에게서처럼 자기 주위에서 이미 발화된 말로부터 문장의 형태와 단어의 발음, 의미의 구현에 관한 일반 원리를 추출해 내 다른 언어재료에 대해서도 이를 적용하고 수정해 가기를 거듭하면서 마침내 들어보지도 못한 새로운 문장을 계속 생성, 발음, 구현하게 된다는 것이다. 이와 관련하여 버코(Jean Berko)는 간단한 실험결과를 보고하고 있다. 그녀는 일단의 어린이들에게 가상의 동물 그림 한 마리를 보여주고 이것이 가상의 동물 'wug(?)'임을 가르쳐준다. 그러고 나서 두 마리가 나란히 그려진 그림을 보여주며, 이들이 무엇인지를 물으면, 아이들은 'wugs'라고 대답했다는 것이다. 이 실험은 중대한 사실을 시사해준다. 'wug(?)'나 'wugs'는 의미가 없는 가상의 던어여서 사회적으로 이전에 들어본 적이 없는 데도 개인적으로 복수형을 생성해 냈기 때문이다. 이 사실을 어떻게 설명할 수 있을까?

역시 언어활동을 이분법적으로 나누었으되, 소쉬르의 랑그와 빠롤에서처럼, 그 차이를 본질적, 사전적인 것과 부차적, 활동적인 것으로서가 아니라 똑같은 '언어활동(Language)'의 활동적인 일면으로서, 개인적인 측면을 가장 중시한 이가 촘스키이다. 그는 '언어활동'을 언어능력(Linguistic Competence)과 언어수행(Linguistic Performance)으로 나누고 이를 각각 '화자와 청자의 언어에 대한 지식'과 '구체적 상황에서의 실제적 언어 사용'으로 구분하였다. 소쉬르의 랑그와 빠롤에서와 가장 구분되는 점은 소쉬르가 언어를 '사회적' 측면에서 살펴보고자 하였다면 촘스키는 언어의 '개인적' 측면을 중시하였다는 점이다.

촘스키의 언어능력이란 언어의 이면에 감추어진 규칙을 이해하고 이를 통하여 문장을 엮고, 사용하며, 이해하는 능력을 말한다. 인간은 유아의 단계로부터 다른 사람의 말을 통하여 어떤 모델을 저장하고 기억하여 이를 재현하기 보다, 그 토대 위에서 이를 유창하게 만드는 규칙을 획득함으로써 점차 유창한 자연언어를 사용하는 성인의 단계로 옮겨가는데, 이처럼 어린아이 때부터 이면의 규칙을 얻는 과정이 그의 능력을 획득하는 과정이다.

이면의 규칙이란 크게 기저규칙과 변형규칙을 나누어볼 수가 있다. 기저규칙이란 문법적 기능과 관계를 규정하고 추상적인 기저계층을 결정하는 이른바 '가지규칙들(branching rules)'로 이루어지는데, 이를 통하여 '속짜임새(deep structure)'가 만들어진다. 변형규칙이란 속짜임새를 '겉짜임새(surface structure)'로 바꾸어놓는 규칙이다.

촘스키의 언어능력에서 특히 주목받을 만한 점은 인간의 언어인 한, 모든 언어에서 이러한 규칙은 보편적인 경향을 지니고 있음을 밝히고 있다는 점이다. 즉 이러한 언어능력은 무의식적, 잠재적 언어지식으로서, 정상인의 구어(spoken language)나 청각장애인의 기호언어(sign language: 수화나 시각언어)가 다같이 요구하는 언어에 대한 능력이며, 영미인이거나 한국인이거나를 막론하고 모든 언어에서 동일하게 발현되는 능력이며, 모국어로 능숙하게 말하고, 이해할 때 5세 아동과 어머니에게서 동일하게 수반되는 언어능력이란 점이다. 따라서 이는 동물과 인간을 구별하는바, 인간성을 정의하는 기준요소로 작동할 수가 있으며, 언어의 실체를 규명하므로서 마침내 인간본성(human nature)에 도달하기가 가능하다. 그리하여 궁극으로는 이로부터 언어를 이해하고, 말하는, 이른바 언어수행(Linguistic Performance)을 성공적으로 완성할 수 있게 된다는 이상은, 촘스키의 언어능력을 매혹적이고, 특별하게 만들어 주고 있다. 촘스키의 언어능력은 각 개인의 뇌리에 잠재적으로 존재하나 화자로서 그가 수행한 언어 속에 암암리에 표시되고 있으며, 동시에 청자로서 타인이 수행한 언어를 암암리에 이해하고 수용할 수 있게 하기 때문이다.

4. 언어와 음성

앞 장 2장에서 살펴본 것처럼 문장은 '어절-낱말-형태소-----음절-음소'로 분절되며 이에 소리나 의미를 분화시키는 최소의 음성단위로서 소리나 의미를 변별시키는 낱낱의 분절음은 음소이다. 아동시기의 옹알이기간은 바로 이처럼 음소를 다양하게 조합하여 음절들의 체계를 완성하는 이러한 과정을 이해하고 훈련하는 과정에 해당한다.

태어난지 이틀 된 프랑스 아기들은 프랑스어와 러시아어를 구분할 줄 안다. 아기들은 어떻게 이것을 알까? 이들 언어는 리듬이 완전히 다르다. 아기들은 소리가 아니라 리듬을 듣고 서로 다른 언어를 구분한다. 태어난 지 8~10개월 된 아기들은 모국어에서 쓰는 소리에 집중하고, 다른 언어에서 쓰는 소리가 들리면 소리를 파악하는 능력이 떨어진다. 모국어 소리에 집중한다는 것은 언어를 배우는 첫 번째 단계이다.(로버타 미치닉 골린코프: 144)

본 장에서는 언어를 분절할 수 있는 마지막 단위로서의 기본적인 소리의 세계, 즉 음소의 세계와 이들이 결합하여 이루어지는 발음 가능한 최소의 단위, 곧 음절의 세계를 통하여 언어가 지닌 분절성의 자질로서의 특징의 일면을 살펴본다.

4.1. 발성기관

1) 발성기관의 주요 명칭과 기능

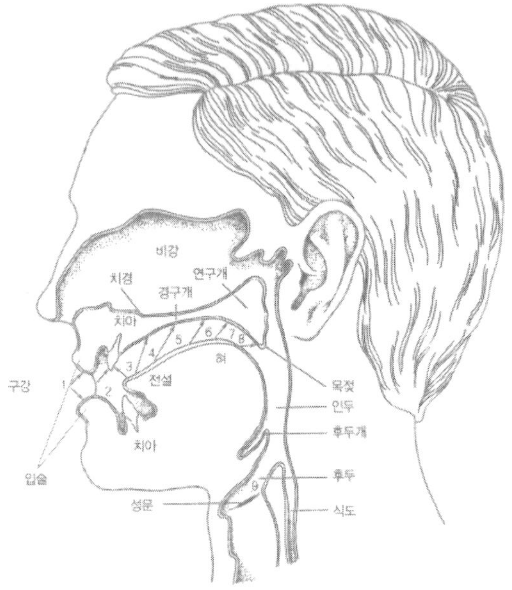

<그림 041> 발성기관과 자음의 조음점 1.양순음[ㅂ,ㅍ,ㅁ], 2. 순치음, 3. 치음, 4. 치경음[ㄷ,ㅌ,ㄴ, ㅅ,ㄹ], 5. 구개치경음[ㅈ,ㅊ], 6. 경구개음, 7. 연구개음[ㄱ,ㅋ,ㅇ], 8. 목젖음, 9. 성문음 [ㅎ] (David W. Carroll: 92)

(1) 성도: 공깃길이다. 일반적으론 기도로도 알려져있지만, 음성학에서는 '성도'로 불려진다. 후강과 구강, 비강이 모두 이에 연결되어 있는 공명장소이다.

(2) 성대: 2cm 미만의 크기로 얇고 예민한 한쌍의 근육층으로 구성된다. 남자의 경우는 아담스 애플이라고 불리는 발달된 근육에 싸여

있어, 유성음이 통과할 때는 공기 흐름을 조절하는 진동이 느껴진다. 후두의 안쪽에서 V자 모양의 점막 형태를 하고 있으며, 진동하며 열리는 상태에 따라 음색이나 음고가 달라진다.

(3) 성문: 공기가 지나가는 성대 사이의 공간이다. 성문에서부터 인두, 구강을 지나 비강과 입술까지 이르는 성도가 시작된다.

(4) 목젖: 성문을 지난 공기가 배출되는 방향을 결정한다. 비강통로와 구강 통로의 사이에 있어 어느 쪽을 막느냐에 따라 구강음과 비강음이 나뉜다.

(5) 그외에 구강의 위로는 입천장, 윗잇몸, 윗니, 윗입술이 있고, 그 중 입천장에는 경구개와 연구개가 나뉘어 있다. 경구개는 비교적 딱딱한 입천장 앞부분이며, 연구개는 보다 부드러운 입천장 뒷부분을 구분한 것이다. 아래턱에는 혀, 아랫잇몸, 아랫니, 아랫입술이 있다.

2) 말소리

말소리는 자음과 모음으로 나뉘고 치경, 구개치경, 혹은 경구개, 연구개, 윗입술 같이 움직이지 않는 고정부 기관을 조음점으로 삼고 혀나 아랫입술 같이 스스로 움직이는 능동부 기관은 조음체가 되어 능동부의 조음체가 고정부의 조음점에 가 닿거나, 갈이가 들릴 정도로 가까이 접근하여 성도를 막음으로써 나는 자음(닿소리)의 소리와 이러한 막힘이 없이 목청의 울림이 성도의 구강에서 공명을 얻어 나는 모음(홀소리)의 소리로 이루어진다.

발음장소 발음방법	양순음	치경음	구개치경음	연구개음	성문음
터짐소리 (폐색음)	p ㅂ pp ㅃ	t ㄷ tt ㄸ		k ㄱ kk ㄲ	
	p'ㅍ	t' ㅌ		k' ㅋ	
갈이소리 (색찰음)			ʧ ㅈ ʧʃ ㅉ		
			ʧ' ㅊ		
콧소리(비음)	m ㅁ	n ㄴ		ŋ ㅇ	
떨음소리(섬음)		r ㄹ			
혀옆소리(변음)		l ㄹ			
스침소리(찰음)		s ㅅ ss ㅆ			h ㅎ

<표 041> 한국어 자음의 국제음성기호표

(1) 자음의 조음점

자음은 장애음(Obstruent)이다. 공기가 구강이나 비강에서 폐쇄나 마찰 등의 장애를 받아 나오는 소리이므로 대개 시끄러운 소리가 수반된다. 이때 장애가 어디에서 일어나느냐하는 '조음 위치'와 공기의 양을 얼마나 막느냐는 '조음 방식'에 의해 자음의 소리가 결정된다. '유성자음[울림소리]'들은 장애와 함께 공명음을 내기도 하나, 일부 장애를 수반하는 점에서는 여전히 장애음에 포함될 수가 있다. 58쪽 〈그림 041〉의 '발성기관과 자음의 조음점'에는 자음이 장애음을 일으키는 조음점이 차례대로 표시 되어 있으나, 이중 한국어는 1.양순음[ㅂ,ㅍ,ㅁ], 4. 치경음[ㄷ,ㅌ,ㄴ,ㅅ,ㄹ], 5. 구개치경음[ㅈ,ㅊ], 7. 연구개음[ㄱ,ㅋ,ㅇ], 10. 성문음[ㅎ] 만을 사용한다. 위의 〈표 041〉 '한국어 자음의 국제음성기호표[4]는 한국어의 조음점만을 모아 표시한 것이다.

(2) 모음의 공명점

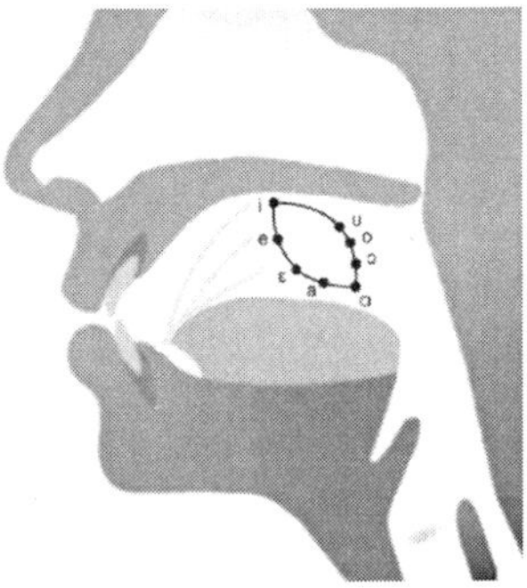

〈그림 042〉 기본모음의 공명점

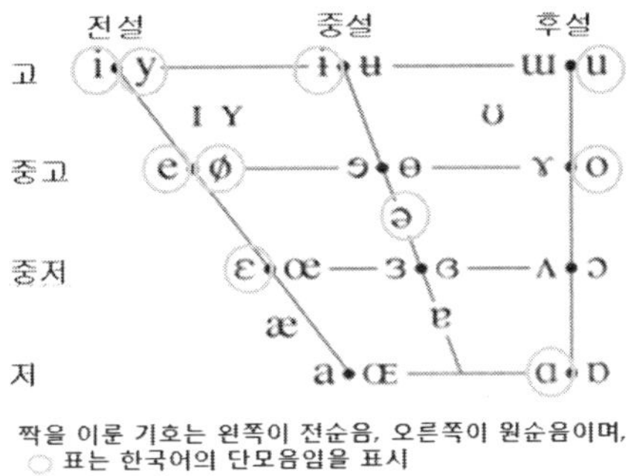

〈표 042〉 국제음성기호 모음표와 한국어의 단모음 위치

분류	전설모음		중설모음		후설모음	
	평순	원순	평순	원순	평순	원순
고모음	ㅣ(i)	ㅟ(y)	ㅡ(ɨ)			ㅜ(u)
중모음	ㅔ(e)	ㅚ(ø)	ㅓ(ə)			ㅗ(o)
저모음	ㅐ(ɛ)				ㅏ(ɑ)	

〈표 043〉 한국어 단모음표. ( ) 속은 국제음성기호

모음은 공명음(Sonorant)이다. 장애음과 달리 공기의 흐름에 폐쇄나 마찰의 장애를 수반하지 않으므로, 비교적 음악적인 소리이며, 공명이

4) 국제음성기호(International Phonetic Alphabet, IPA): 현존하는 세계의 모든 언어의 소리를 표준적인 방법으로 객관적이고 정확하게 표시하기 위해 고안된 음성 기록 부호 체계이다. 언어학에서 주로 사용되는 음성 기록 체계를 말한다. 언어학자외에도 언어장애 병리사나 발성 치료사, 외국어 교수자, 번역가 등이 일상생활에서 이 기호체계를 활용하고 있다. 2005년에 확장된 국제음성기호는 약 107개의 기본 문자와 55개의 구별기호로 구성되어 있다.

일어나는 위치(전, 중, 후설)와 공명시의 개구도(고, 중, 저음), 그리고 입술의 모양(평, 원순) 등에 따라 모음의 소리가 결정된다. 〈그림 042〉의 구강 내의 '기본모음 공명점'은 공명점의 위치와 개구도를 비교 표시한 것이며, 〈표 042〉는 '국제음성기호 모음표와 한국어 단모음 위치'를 비교 표시한 것이다. 〈표 043〉은 '한국어 단모음표'를 따로 제시한 것이니, 대개 ( )속에는 국제음성기호와 대조한 것이다. 이는 한글의 모음도 공명점과 개구도만 같으면 기타 언어의 모음과 그 독음이 다르지 않음을 대조해보기 위한 것이다.

4.2. 음향도

1) 음향도(sonority)는 음절단위(음절수)나 다중모음의 음절핵을 판단하고, 성절음을 결정하는 과학적 기준으로 '음성의 공명도'를 밝힌 것이다. 이를 결정하는 기준은 개구도와 유무성음의 차이이다. 혹은 같은 유성음의 경우에는 울림의 방법을 본바탕으로 삼으며, 그 외의 장단, 고저, 강약 등의 운율적 요소는 뜨내기바탕으로 간주한다. 예컨대, 개구도(aperture: 공깃길)가 큰 소리는 안 큰 소리보다 음향도가 높으며, 울림소리는 안울림소리보다 음향도가 높다. 독일의 야스페르슨(Jespersen, Otto)에 따르면 음향도는 대개 다음과 같다.

8도: 울림의 연 홀소리(저모음: ɔ, æ, ɑ)

7도: 울림의 반닫은 홀소리(중모음: ø, o, e)

6도: 울림의 닫은 홀소리(고모음: i, y, u)

5도: 울림의 떨음소리(r)

4도: 울림의 콧소리(m, n, ŋ), 혀옆소리(l)

3도: 울림의 갈이소리(v, z, ɣ)

2도: 울림의 터짐소리(g, d, b),

1도: 안울림의 터짐소리(k, t, p), 갈이소리(f, s, h, x)

2) 음향도의 실제

영어의 단어 '클럽club[klʌb]'과 '에니멀animal[ænɪml]'은 엑센트나 억양 등의 뜨내기요소를 무시한 실제 발음을 고려할 때, 아래의 〈표 044〉와 같은 음향도를 지닌다. 이에 클럽club[klʌb]은 주변의 골을 누르고 빼어나서 음향의 정점을 이루는 봉우리가 1개뿐이므로 1음절임을 알 수가 있고, 에니멀animal[ænɪml]은 2개의 봉우리가 주변의 골을 누르고 빼어나 정점을 이루므로 실은 2음설의 낱말임을 알 수가 있다.[5]

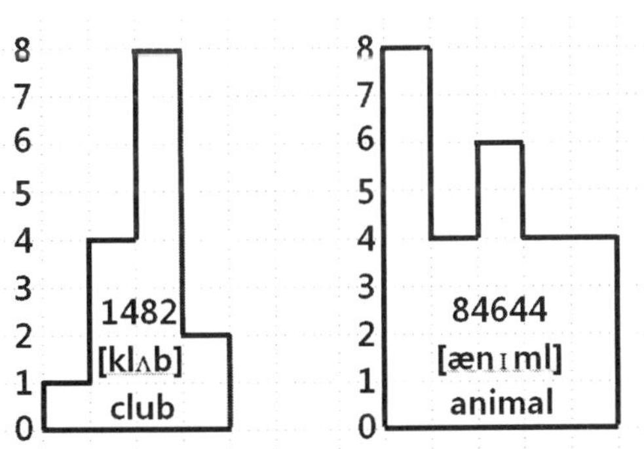

<표 044> 'club'과 'animal'의 음향 정점도

5) [ænɪml]은 영국식 발음으로, 미국식 발음의 [ænəməl 847474]의 경우 3음절 발음도 가능하다.

3) 음향도의 특징

(1) 모음(홀소리/ 공명음)은 자음(닿소리/ 장애음) 보다 음향도가 크다. 개구도가 클수록 잘 들리며, 잘 들리는 소리가 더 유쾌한 느낌을 주므로, 입을 좀 더 크게 열며 모음을 분명히 발음한다면 좀 더 밝은 느낌을 주는 대화를 할 수 있다.

(2) 자음 가운데서는 울림의 떨음소리(r)의 음향도가 가장 크다. 다만, 한국어는 초성의 5도 울림소리(r)와 2, 3도의 울림소리를 거의 쓰지 않으므로, 울림소리가 많은 외국인이 듣기에는 말소리가 거칠고 딱딱하게 들리는 경향이 있을 수도 있다. 대화 때에는 이러한 한계를 참고하여 기타 운율적 요소를 고려해볼 수도 있다.

4) 음향도에 나타난 음절의 음악성

(1) 울림소리: 유성음과 무성음[6] 구분은 자음, 모음 모두에 적용되고, 나머지 유기성과 긴장성은 주로 자음을 구분할 때 사용된다. 유성음이 없는 언어는 없고, 유기음은 전체 언어의 약 74%, 긴장음은 약 91%에 존재하지 않는다. 모음은 유성음이 기본이고 무성음의 모음은 매우 드물다. 알파벳 'y'는 'ㅑ, ㅕ, ㅛ, ㅠ'를 발음할 때, 알파벳 'w'는 'ㅘ, ㅝ, ㅟ'를 발음할 때 나는 어두 모음에 해당하여, 모음과 조음 위

6) 무성음(voiceless sounds)은 성문이 열려 성대의 진동이 없는 소리이다. 유성음(voiced sounds)은 성문이 좁아져 성대의 진동을 수반하는 소리이다. 예컨대, /s/는 무성음이며 /z/는 유성음이다. 한국어의 폐쇄음은 기본적으로 모두 무성음이다.

치가 비슷하지만 기능상 자음과도 비슷한 점이 있어 반자음이라고도 불리며, 무성음의 성격을 함께 지니고 있음이 이와 같다.

자음들 중에서도 야스페르슨의 음향도에서 대개 5~2도에 이르는 소리들, 예컨대, 콧소리(비음), 떨음소리(섬음), 혀옆소리(변음)나 그 외 한국어에서 설사 발음할 수 있더라도 대개 의식하기가 그다지 쉽지 않은 장애음 중의 유성자음 등이 유성음에 속하므로 이들은 무성음의 1도보다 음향도가 높다. 아래의 〈표 045〉의 '국제음성기호 자음표'는 다양한 무성음과 유성음의 세계적인 현상을 서로 대조해보기 위한 것이다.

	bilabial 양순음	labiodental 순치음	dental 치음	alveolar 치경음	postalveolar 후치경음	retroflex 권설음	palatal 구개음	velar 연구개음	uvular 구개수음	pharyngeal 인두음	glottal 성문음	총59개
plosive 파열음	p b		t d			ʈ ɖ	c ɟ	k g	q ɢ		ʔ	13개
nasal 비음	m	ɱ	n			ɳ	ɲ	ŋ	ɴ			7개
trill 전동음	ʙ		r						ʀ			3개
tap or flap 탄음		ⱱ	ɾ			ɽ						3개
fricative 마찰음	ɸ β	f v	θ ð	s z	ʃ ʒ	ʂ ʐ	ç ʝ	x ɣ	χ ʁ	ħ ʕ	h ɦ	22개
lateral fricative 설측마찰음			ɬ ɮ									2개
approximant 접근음		ʋ	ɹ			ɻ	j	ɰ				5개
lateral approximant 설측접근음			l			ɭ	ʎ	ʟ				4개

짝을 이룬 기호는 왼쪽이 무성음 오른쪽이 유성음이며, 어두운 난은 조음이 불가능함을 표시

<표 045> 국제음성기호 자음표

(2) 운율적 요소

운율적 요소의 정의: 발화를 작은 마디들로 쪼개되, 계기적으로 쪼갤 수 있을 때까지 쪼개서 얻은 음성 단위가 분절음(segment)이다. 자음, 모음, 반모음 등은 모두 분절음이다. 더이상 계기적으로 쪼갤 수 없는 것들도 존재하는데 이를 '초분절음(supersegment)', 혹은 운율적 요소(prosodic feature)라고 부른다. 언어의 운율적 요소는 대개 다음과 같은 세가지 종류를 고려할 수가 있다.

*음의 장단(length): 소리의 지속 길이 시간, 장음, 단음 등이 나뉜다.

*음의 고저(pitch): 음조 혹은 음고로 음의 높낮이에 따라 의미 차이를 주는 성조, 혹은 억양을 가리킨다.

*음의 강약(loudness): 음세 혹은 강세(stress)를 가리킨다.

장단과 고저, 강약 등과 같은 언어의 운율적 요소는 언어의 본바탕인 자음이나 모음의 말소리와 마찬가지로 언어를 이루는 주요한 음악적 요소이다. 태어난지 이틀 된 프랑스 아기들이 프랑스어와 러시아어를 구분하였다면 이들은 말소리의 리듬을 구분한 것이다. 리듬이란 가락이나 화성과 함께 음악의 3요소를 이룬다. 언어는 말소리이므로 피치 못하게 이러한 음악적 요소를 담고 있으며, 아기들이 처음 언어를 들을 때는 먼저 음악적 요소부터 길들여진다는 뜻이다.

아동들이 모국어를 자연스럽게 공부할 때 가장 먼저 길들여지는 요소는 언어의 의미적 요소가 아니라 음악적 요소라는 점은 이미 성장한 다음 제2언어를 학습하는 학습자들에게도 주요한 시사점이 될 것이다. 성장한 학습자의 관심이 말소리의 의미에 치중하면서 자연스럽게 무시하기 쉬운 언어의 음악성은 결국 제2언어의 학습효과에 부정적인 영향을 미칠지도 모르기 때문이다.

음절의 음악성을 이해하기 위하여 음악적 요소를 함께 생각해보는 것이 이 때문에 필요하다. 음악의 3요소 중, 리듬이란 일정하게 반복되는 박자 위에 길고 짧은 음을 늘어놓은 것이다. 1박의 음을 몇 개로 나누거나 2배로 늘이기도 하여 음의 길이에 변화를 주어 길이가 다른 각각의 음들을 연결하면 리듬이 된다. 이 때, 음의 높고 낮음은 상관하지 않는다. 결국 음악의 리듬은 장단음이라는 말소리의 운율적 요소와 깊은 관계를 맺고 있음을 알 수 있다.

가락은 높고 낮은 음을 질서 있게 연결한 것으로 멜로디 또는 선율이라고 한다. 따라서 악기의 연주나 사람이 부르는 노래는 가락이라고 할 수 있다. 그러나 입으로 아무렇게나 내는 소리나 제멋대로 연주하는 악기 소리는 가락이라고 할 수 없다. 음악적인 법칙에 따라서 연주되어 우리의 귀에 기분 좋게 들려오는 '고른 음'이라야 가락이라고 할 수 있다. 따라서 음악의 가락은 고저음이라는 말소리의 운율적 요소와 깊은 관계를 맺고 있음을 알 수 있다.

마지막으로 화성은 두 음 이상의 서로 다른 높이의 음을 동시에 울려 깊이 있는 음악을 이루게 하는 요소이다. 한 음만으로 이루어진 가락은 너무 단순하고 허전해서 지루하게 느껴질 수도 있기 때문이다. 합창과 같이 높은 가락과 낮은 가락이 동시에 어울려 연주되는 화음의 모임을 화성이라고 한다. 곧 화음은 두 음 이상이 동시에 울리는 것이니 이는 언어의 대화와 관계를 맺고 있다. 혼자서는 대화를 섞을 수가 없는 법이다. 남자와 여자가, 노인과 젊은이가 서로 섞어놓는 대화는 음악의 화성을 닮았다. 서양 음악은 동양 음악에 비하여 화성을 매우 중요하게 여기며 자주 사용하고 있다. 이는 그대로 대화와 관련된 동서양의 문화적 차이와도 깊은 관계를 맺고 있을 것이다.

언어가 지니는 음악성에 대한 우리의 관심을 높이기 위하여, 아래에서는 의미요소를 배제한 채 말소리의 음절이 지니는 음악성에 관하여 좀 더 살펴보기로 한다.

4.3. 음절과 정형시

정형시에는 시어에 규칙적인 음악성을 부여하는 외재율이 있어 자유시의 내재율과 비교된다. 정형시의 대표적인 예로는 서양의 소네트(sonnet)와 동양의 한시가 있다. 정형시는 대개 음성률(고저장단), 음수율(자수율), 음위율(압운)이라는 3가지 규칙이 균형과 조화를 이루어 시형식이 성립된다. 현대에는 사회와 역사가 복잡하고 사상과 감정이 다양해져 내용에 치중하느라 형식을 무시하는 경향이나, 정형시의 가장 큰 예술적 미덕은 형식적 완결의 미학에 있다.

1) 한국의 시조: 시조도 정형시지만 한국말의 특성 때문에 음수율(자수율: 구수율, 음보율 포함)이 있을 뿐이다. 3-4/ 4-4(초장)/ 3-4/ 4-4(중장)/ 3-5/ 4-3(종장)의 45자를 기본으로 한다.

동지ㅅ달 기나긴 밤을/
한 허리를 버혀 내여/
춘풍 니불 아레/
서리서리 너헛다가/
어론 님 오신 날 밤이여든/
구뷔구뷔 펴리라(황진이)

2) 일본의 하이쿠: 5-7-5의 17음절로 이루어져 있다. 5음과 7음의 일본어로 구성되어 있는 점에서 기본 음률이 비슷한 와카(和歌)와 더불어 일본의 전통적인 정형시이다. 와카는 가장 보편적으로 불린 형식

으로, 오늘날 5-7/ 5-7/ 7로 마디를 나누어 31자로 엮은 단카(短歌)를 가리키는데, 5-7-5/ 7-7로 마디를 나누는 렌카(連歌)와 하이쿠(俳句)가 이에서 발생했다.

ふるいけや/
오랜 못이여/

かわずとびこむ/
개구리 뛰어들어/

みずのおと
물 치는 소리(마쓰오 바쇼: 古池や/ 蛙飛こむ/ 水のおと)

3) 중국의 절구: 절구는 율시와 함께 중국 정형시의 양대 형식이다. 이들 각각에는 한 구에 5언인 형식과 7언인 형식이 모두 있어 이것만 하여도 벌써 4가지의 정형시가 파생되어 나온다.

여기서는 7언절구를 살펴보면 아래와 같다.

問余/ 何事/ 棲碧山
(문여/ 하사/ 서벽산)
어이하여/ 푸른 산에/ 사느냐고 묻기에

笑而/ 不答/ 心自閑
(소이/ 부답/ 심자한)
웃고/ 대답 아니 해도/ 마음 절로 한가롭네

桃花/ 流水/ 杳然去
(도화/ 유수/ 묘연거)
복사꽃/ 흐르는 물/ 아득히 떠나거니

別有/ 天地/ 非人間
(별유/ 천지/ 비인간)
또 다른/ 세상일레/ 인간이 아니로세(이백)

4) 영국의 소네트: 소네트(sonnet)는 영국풍과 이탈리아풍을 2대 소네트 형식으로 꼽는다. 소네트가 연인과 인간에 대한 폭넓은 주제들을 모두 적절하게 다룰 수 있는 것은 그 짧은 형식 덕분이다. 이탈리아풍과 영국풍 소네트는 모두 약강 5보격 10음절, 14행의 음수율을 지닌다. 이탈리아풍은 문제제기 8행과 긴장해소 6행의 2가지 분위기로 주제를 나누어, 주제에 따라 2단위의 압운 체계가 나뉘며, 영국풍은 각기 3개의 4행연과 1개의 2행연에서 별도의 4단위 압운체계를 지니는 차이가 있다. 따라서 영국풍 소네트의 압운 도식은 'abab/ cdcd/ efef/ gg'의 형식인데, 마지막 2행 연구에서 이전 12행 연구의 내용을 호소력있게 요약해야 하는 어려움이 있다. 셰익스피어조차 이 작업에 실패하는 때가 있었다고 한다. 프랑스의 알렉산더격 소네트는 12음절 약강격을 쓰기도 한다. 여기서는 셰익스피어의 소네트18번을 읽어보

면 아래와 같다.

* 획의 굵기로 약강격을 표시하였다. 가는 획은 약격, 굵은 획은 강격이다.
* 한 단어에 음보가 나뉘면 띄움 없이 '/'로 이를 끊었고, 한 단어에 약강격이 나뉘면 '-'로 이를 이었다.

Shall **I**/ comm-**pare**/ thee **to**/ a **sum**/mer's **day**
그대를 여름날에 비할 수 있을까요?

Thou **art**/ more **love**/ly **and**/ more **temp**/er-**ate**
그대가 더욱 사랑스럽고 부드럽습니다

Rough **winds**/ do **shake**/ the **dar**/ling **buds**/ of **May**
거친 바람이 5월의 소중한 꽃망울을 흔들고

And **sum**/mer's **lease**/ hath **all**/ too **short**/ a **date**
여름날은 너무나도 짧습니다

Some-**times**/ too **hot**/ the **eye**/ of **hea**/ven **shines**
태양은 때로는 뜨겁게 빛나고

And **of**/ten **is**/ his **gold**/ com-**ple**/xion **dimm'd**
그의 황금빛 안색은 자주 흐려집니다

And **eve**/ry **fair**/ from **fair**/ some-**time**/ dec-**lines**
모든 아름다움 중의 아름다움도 희미해지고

By **chance**/ or **na**/ture's **chan**/ging **course**/ un-**trimm'd**
우연히 혹은 자연의 변화로 화려한 치장은 지워집니다

But **thy**/ e-**ter**/nal **sum**/mer **shall**/ not **fade**
그러나 그대의 영원한 여름은 시들지 않을 것이며

Nor **lose**/ posse/ssion **of**/ that **fair**/ thou **owest**
그대가 지닌 아름다움 또한 잃지 않을 것입니다

Nor **shall**/ death **brag**/ thou **wan**/der'st **in**/ his **shade**
죽음은 그대가 제 어둠 속을 헤맨다고 뻐기지 못할 것이니

When **in**/ e-**ter**/nal **lines**/ to **time**/ thou **growest**
그대는 이 불멸의 시 속에서 영원할 테니까요

So **long**/ as **men**/ can **breathe**/ or **eyes**/ can **see**
사람들이 숨쉴 수 있고 볼 수 있는 눈을 가진 한

So **long**/ lives **this**,/ and **this**/ gives **life**/ to **thee**
이 시는 영원히 살아서, 그대에게 생명을 줄 것입니다.

(William Shakespeare)

5. 언어의 습득

영아는 4개월이면 옹알이를 시작하며 같은 소리를 반복하기 시작한다. 9개월이면 그중 타인에게서 들을 수 없는 소리를 옹알이에서 제거하거나, 같은 맥락에서 특정한 소리 내기를 하며, 12-18개월이면 홑단어를 사용하기 시작하며, 19-24개월이면 두 단어를 사용하기 시작한다. 19개월이 넘어서는 무렵부터 어휘수 50개 정도를 익히고 나면 단어학습의 성격이 달라지는데, 어휘 학습이 급속히 발전하기 때문이다. 드디어 어휘가 폭발하는 마법의 순간이 도래한 것인데,(로버타 미치닉 골린코프: 195) 이후 30개월이면 복잡한 문장도 사용하기 시작한다. 언어를 습득하는 문리가 튼 것이요, 언어의 세계에서 드디어 홀로 유영하기 시작하는 시절이 도래한 것이다.

병아리는 쪼는 방법을 가르쳐 줄 필요도 없이 알에서 깨어나는 즉시 껍질을 쪼아 깨트린다. 병아리의 행동유형을 만약 좀 더 자세히 관찰한다면, 껍질을 쪼는 병아리의 행위는 머리를 들었다 숙이고, 부리를 열었다 닫으며, 혀를 내밀었다 삼키는 것과 같은 서로 분리된 행동유형들이 결합된 자연스런 결과에 불과하다는 것임을 발견할 수가 있을 것이다. 그러나, 레만(Lehrman, 1953)에 따르면, 이를 발견하기 위해서는 이런 행위를 선천성이나 본능성으로 치부해버리지 않는 태도가 무엇보다 필요하다. 병아리가 쪼는 것은 그런 행위 유형으로 태어났기 때문이라는 가정은, 쪼는 행위로 이끄는 발생학적인 과정을 시험해 보고자 하는 욕구를 좌절시키기 때문이다.

동물 행위를 이해하는데서 선천성이라는 설명은 별 도움이 되지 않는다는 것이다. 선천적이라거나 완성되어 있다는 설명은 이러한 행위의 구체적인 기원을 분석해 보려는 시도를 미연에 포기하게 만들거나 그러한 관심을 멀리하게 만들기 때문이다. 언어의 습득에서도 유사한 설명이 가능하다. 언어는 사회적으로 학습되는 것일 뿐, 유전되는 것이 아니다. 그럼에도 언어를 습득하는 데서 인간은 아무래도 선천적인 경향을 지니고 있는 것 같다. 왜냐하면 특별한 장애가 없는 한, 아동시기를 지나면서 비록 지능이 좀 낮더라도 예외 없이 언어를 획득하게 되기 때문이다. 그럼 언어의 습득과 관련한 이러한 선천적인 경향은 어디에서 어떻게 오는 것인가? 다른 동물과 구별되는 인간의 선천적인 신체 및 두뇌구조 때문인가? 아니면 오로지 사회적인 환경과 교육의 힘 때문인가? 이런 의문점 때문에 심리언어학자들은 모국어 습득에 관하여 깊은 관심을 가지고 연구하고 있다.

5.1. 습득과 학습

언어를 획득하는 방식에는 서로 다른 관점이 존재하며, 이는 대개 학습(learning)과 습득(acquisition)을 나누어생각해보려는 경향으로 나타난다.

먼저 습득(acquisition)은 아동이 모어를 자연스럽게 터득하는 방식을 설명해준다. 아동이 모어를 터득하기 위해서는 그저 편하게 말을 주고받을 수 있는 자연스러운 언어환경만 조성되어 있으면 된다. 인간의 언어습득이 생물학적으로 어떤 특수한 요인의 영향 아래 있는 게 아닌가 하고 생각하게도 하며, 말을 익히는 모든 아이는 그러한 능력을 타고난 것처럼 보이는 것이 이 때문이다. 최소한의 조건만 갖추어지면 한 사람의 예외도 없이 모두 훌륭하게 전문가처럼 언어를 구사하게 되기 때문이다. '생득설'로 불리는 이러한 관점은 언어를 습득할 수 있는 기술적인 장치가 유전자에 각인돼 있다고 주장한 촘스키로 대표된다. 그는 아이들의 뇌가 언어를 학습할 수 있도록 프로그램화되어 있다고 주장하며, 아이들의 언어 습득 능력은 이러한 뇌의 도움으로 '언어적 직관력'을 가지고 있기 때문에 가능했다는 것이다. 아이들은 '직감적인 문법 지식'을 근거로 문장 형태가 좋은지 나쁜지를 판단할 줄을 알며, 문법적으로 다소 틀린 문장이라도 그 뜻을 쉽게 이해할 수도 있기 때문이다.

이에 반하여 학습(learning)은 인위적이고 조직적인 환경을 중요시 한다. 이 때문에 학습 과정은 단계적으로 진행되지 않으면 소기의 성과를 거두기 힘들다고 여겨진다. 따라서 학습을 위해서는 사전에 체계적인 계획이 필요하다. 적극학습(Acitve learning)과 소극학습(Inactive learning)은 모두 서로 다른 학습의 형태이다. 적극학습은 높은 집중력이 필요하여 많은 에너지를 소비하는 학습활동이다. 단어를 암기하거나, 문법을 정리하는 등의 학습으로, 학교 공부가 이에 속한다. 소극학습은 TV 드라마, 영화, 라디오 등 언어에 노출되는 활동으로 뇌를 비교적 덜 혹사하므로 장시간 노출될 수 있으며, 평소 집중하기 어려웠던 표정, 몸짓, 억양 등 비언어적 정보(non-linguistic information)에 까지 관심이 미칠 수가 있다.

다만, 습득과 학습은 서로 다른 것일 수가 없다는 관점도 생각해볼 수가 있다. 성인 학습자의 경우 두 가지 학습방식, 즉 언어를 있는 그대로 받아들이는 맹목적(implicit)인 방법과 이해하고 받아들이는 명시적(explicit)인 방법은 이들 중 어느 쪽을 통해서도 목표언어의 규칙을 내재화 할 수 있기 때문이다.

이런 견해를 종합하면 결국, 습득과 학습은 서로 다른 상황에서 진행되는 하나의 과정으로, 학습이란 통제된 과정, 습득은 자동적인 과정을 구분한 것일 뿐이다. 통제된 언어의 학습은 단기기억에서 발생, 장기기억으로 정보의 흐름이 통제되는 과정이며 자동적 언어습득은 장기기억 속으로의 저장 과정이므로 소요되는 학습 활동과 과정에서 그 양상이 다를 뿐이다. 학습자의 인지발달 속도에 따라 특별한 관심이나 주의를 기울이지 않아도 소극적이나마 이 과정은 자동적으로 발생되므로, 학습과정은 습득과정의 디딤돌 역할을 한다.

5.2. 언어 획득의 이론

언어를 획득하는 방식으로서 습득과 학습이 비록 대립되고 양립할 수 있는 별개의 것은 아니나, 언어의 획득 과정은 인지적 측면과 학습적 측면을 구분해서 고찰해 볼 수가 있다. 따라서 자연적, 인지적 측면의 언어 획득 현상에 초점을 맞추고 있는 것을 습득이론으로서, 그리고 학습적 측면에서 학습 환경의 조성에 초점을 옮겨다 놓은 것을 학습이론으로서 각각 구분해 살펴보자면 아래와 같다.

1) 언어학습이론

언어습득이론으로부터 얻은 영감에 근거하여 조직적, 체계적, 인위적인 환경을 조성함으로써 학습을 조장하기 위한 방안으로 고안된 교육론적 제안들이다.

(1) 행동주의 언어 학습이론

언어는 습관형성을 통해 학습된다고 주장한다. 20세기 전반에 탄생한 구조주의 언어학은 이전까지 통시적으로 언어를 연구한 역사언어학의 반작용으로 생겨난 공시적 언어연구 방법론이다. 스위스의 언어학자 소쉬르(Saussure, Ferdinand de)에 의해 체계화된 구조주의 언어학은 언어의 구조를 관계의 망으로 보고 언어구조의 기본 차원을 제시하였다.

영국의 경험주의 철학자 존 로크(John Locke)는 『인간오성론(Essay concerning Human Understanding)』(1690)에서 백지상태(tabula rasa)의 원리를 들어 우리가 머릿속에 생각을 갖고 태어나는 것이 아니라고 주장했다. 정신은 비어 있는 상태로 태어나고 지식은 경험에서 온다는 것이다. 이에 스키너(Skinner, B.F.)를 포함한 행동주의 심리학자들은, 어린이의 두뇌는 백지상태(tabula rasa)와 같아서 후천적인 언어 학습경험에 의해 언어를 배운다고 여긴다. 스키너(Skinner, 1957)는 어린이에게서는 다른 사람의 말을 모방하고 반복, 연습하는 강화훈련을 통해서만 언어가 터득된다고 여겼으며, 이에 행동주의 심리학자들은 언어 학습이란 두뇌의 사고과정이 아니고, 기계적인 반복과정이라고 보고 있다.

예컨대 미국의 심리학자 왓슨((Watson, J.B.)과 스키너의 '자극과 반응(S-R: stimulus-response)'의 학습원리는 원숭이가 단추를 누르면 먹이를 보상받듯이 어린이가 'Ma'나 'Pa'를 말하면 부모로부터 보상으로 포옹을 받으며 강화를 받는다는 조작적 조건화거나, 파블로프(Pavlov, Ivan P.)의 고전적 조건반사 학습이론이 먹이를 주면서 벨을 울린 개가 벨만 울려도 군침을 흘리듯이, 어떤 조건하에서 구체적인 반복연습을 통해 일정한 어휘를 배우게 된다는 무조건적 조건반사의 예가 이에 해당한다. 왓슨은 심리학의 유일한 주체는 바로 행동뿐이어야 한다고 주장하며 구조주의와 기능주의를 함께 반박하였으나, 구조주의 언어학자들은 사회적 실천과 경험만이 선천적으로 부여받은 언어활동의 능력을 추상적인 질서로서의 언어인 랑그로 구조화시켜주는 것이라 믿어 행동주의적인 학습방법을 따랐다.

행동주의 심리학자의 학습이론은 동물이나 장애자들을 위한 조직적인 언어 학습 프로그램 작성에 공헌을 하였다. 다만, 아무리 영리한 원숭이도 어린이처럼 창의적인 언어 습득력을 갖고 있지 않으므로, 원숭이의 학습 프로그램이 정상적인 어린이의 언어 학습에도 효과적일지는 의문점이 남는 점에서 비평을 받고 있다. 동물에게 적합한 학습이론을 인간에게 적용하기에는 인간 인식의 혁신성(novelty) 때문에 불합리하다는 것이다. 예컨대, 어린이의 언어 습득 속도가 일정 시기에 이르면 놀랄 만큼 급속히 증가하며, 기본적인 문장구조만을 습득한 듯이 보이는 어린이도 보다 창의적이고 생산적으로 그 언어를 재구성할 수가 있기 때문이다.

결국, 모방이나 강화작용은 오직 기본적인 언어형태나 구조를 익히는 데 단편적인 도움을 줄 수 있을지 모르나, 모든 언어 학습을 설명하기에 충분한 이론이 될 수는 없다. 왜냐하면 어린이는 한 언어의 구구조 문법규칙(phrase structure rule)과 변형규칙(transformational rule)을 습득한 후 무한한 수의 문장을 생성해 낼 수 있기 때문이다. 따라서 행동주의 심리학자들이 주장하는 문형연습과정은, 두뇌의 언어회로를 고등수준으로 재조직하기를 지연시키기 때문에 일정 시기에 효과적인 언어학습을 오히려 방해할 수 있다고 반박되고 있다.

(2) 생득적 언어 학습이론

20세기 후반에는 미국의 언어학자 촘스키(Chomsky)를 중심으로 한 변형생성문법[7]이 등장하였다. 구조주의 언어학은 관찰할 수 있고 실증할 수 있는 것만을 연구대상으로 하여 문장구조만을 분석하였는데 변형생성문법학자들은 인간의 선천적인 언어능력을 주장하였다. 그러므로 이미 구조화된 문장 뿐 아니라 인간이 이전에 경험하지 못한 문장도 이해하고 구사할 수 있다는 것이다. 그러므로 이들은 경험주의자들과 의견을 달리한다.

로크의 주장은 프랑스 합리주의 철학자 데카르트(Descartes, Rene)나 당시의 이신론[8]자들이 믿고 있던 '생득관념'[9]을 완전히 부정하는 것이

7) 변형생성문법이란, 변형조작을 인정하는 생성적 문법을 말한다. 모두 통사, 음운, 의미부문으로 이루어진다. 통사부문은 생성적이고, 음운, 의미부문은 해석적이다. 통사부문은, 구구조규칙으로 생성된 심층구조에 변형규칙을 통해 표층구조를 생성하는 과정이다. 음운부문은 음운변형규칙을, 의미부문은 의미해석규칙을 적용하여 음성과 의미를 각각 해석하는 과정이다.

8) 이신론(理神論: deism)은 18세기 계몽주의시대에 등장한 철학, 신학이론이다. 세계를 창조한 하나의 신을 인정하되, 그 신은 세계와 별도로 존재하며 세상을

었으나, 미국 하버드대학 진화심리학자 핑커(Pinker, Steven)는 『빈 서판(The Blank Slate)』에서 인간의 두뇌가 백지상태로 태어나서 경험에 의해 형성된다는 견해를 일축했다. 보편적인 인간의 본성은 진화 과정에서 습득되어 두뇌의 성장을 조절하는 유전자 하드디스크에 저장되었다는 것이다. 그에 따르면, "가장 최근의 연구는 뇌의 많은 속성들이 오감을 통해 얻은 정보에 좌우되는 것이 아니라 유전적으로 체계화된다는 것을 보여주고 있다. 행동은 문화권마다 다르게 나타날 수 있다. 그러나 그 행동을 하게 하는 멘탈 프로그램의 설계가 문화마다 다를 이유는 없다. 인간은 학습을 담당하는 선천적인 시스템을 가지고 있기 때문에 지능에 의존하는 행동들을 성공적으로 습득할 수 있다."

촘스키(Chomsky, 1957)에 의하면, 어린이는 평범한 환경만 주어지면 자동적으로 언어를 습득할 수 있고, 이를 규칙에 맞게 변형시킬 수도 있다. 촘스키는 문법에 대한 모형을 기술하는 『통사구조(Syntactic Structures)』라는 책을 통해 문장을 표면구조(Surface Structure)와 심층구조(Deep Structure)로 나누었다. 표면구조는 말이나 글로 표현된 구체적 문장을, 심층구조는 표현된 문장의 의미표상을 말한다. 촘스키는 사람이 자신

창조한 뒤에는 세상, 물리법칙을 바꾸거나 인간에게 접촉하는 인격적 주재자로 보지 않는다.

9) 태어나면서부터 인간정신에 내재해 있다고 하는 관념. 경험에 의하여 획득되는 습득관념과 대립된다. 영혼은 인간이 태어나기 전부터 존재한다고 상정한 플라톤에 따르면 모든 관념은 본래 영혼에 갖추어져 있으나 영혼은 육체와 결합되면 그것을 망각하고 인식에 의하여 상기한다고 하였다. 데카르트는 모든 관념의 천부성을 생각하였다. 데카르트는 생득적인 이성의 능력을 통한 성찰만을 진정한 인식으로 파악하는 대륙의 합리주의를 대표한다. 이는 감각과 귀납을 통해 원리를 도출해야 한다고 믿는 로크가 대표하는 영국의 경험론과 대비되는 개념이다.

의 생각을 전할 때 생성규칙(Generative Rules)을 사용하여 심층구조의 문장을 생성한 후 변형규칙(Transformational Rules)을 통해 표면구조의 문장으로 바꾼다고 주장했다.

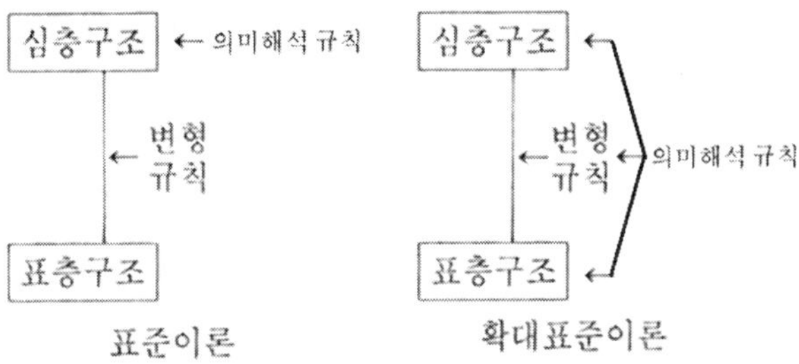

<표 051> 변형생성문법의 통사규칙, 변형규칙, 의미해석규칙 부문 기본도

그는 기저구의 생성규칙과 파생구의 변형규칙, 그리고 의미해석규칙[10]을 통하여 인간의 추상적이고 내재화된 언어 지식현상을 기술하였고, 그런 형식문법이론이 어린이의 언어습득 현상을 설명하는데 폭넓은 견해와 암시를 제시했다. 예를 들면, 첫째, 언어사용은 규칙체계에 의해 지배되며 어린이가 그 규칙만 터득하면 그 제한된 규칙으로 무한한 수의 새 문장을 생성해 낼 수 있다. 즉, 아동은 말을 한 번에 하나씩만 배워나가는 것이 아니라 이를 조작할 수가 있다. 우리가 쓰고 말하는 문장은 언제나 완전히 새로운 것이고 이것을 이해하는 데 전혀 어려움이 없다는 의미에서 인간의 언어 능력은 창의적인데, 자연어에서 가능한 형태를 태어날 때부터 알고 있지 못했다면 언어 학습

10) 표준이론에서는 심층구조를 의미해석규칙이 적용되는 표준으로 삼으며, 확대표준이론에서는 표층구조나 중간의 파생구조에도 의미해석규칙이 적용되어, 의미해석의 표준이 확대된다.

이란 불가능하다고 주장했다.

둘째, 그는 자연어와 자연문법의 가능한 특징에 제한을 가하는 언어보편성(Language Universal)의 존재를 제안했다. 아동은 이 언어보편성에 관해 타고난 지식을 가지므로 자연어를 배울 수 있다고 가정한다. 이때 언어보편성은 곧 인지적보편성을 반영하는 것이다.

셋째, 촘스키는 인간의 언어능력과 언어수행 사이의 언어현상을 구별하고 있다. 즉 인간의 모국어에 대한 지식과 직관으로부터 실제 그의 모국어 수행상의 요소들, 예컨대 기억력, 집중력, 표현력과 관련한 부분을 구별해 냄으로써 언어습득 이론 설명에 도움을 줄 수가 있다.

넷째, 촘스키는 어린이의 두뇌는 백지상태(tabula rasa)가 아니라 언어획득장치(LAD: Language Acquisition Device)라고 주장하고 있다. 즉 유아는 선천적으로 짜여진 두뇌구조를 통해 언어를 습득하고 있으며, 따라서 어떤 언어 환경에 노출되면 유아의 두뇌는 언어획득장치로서 자동적으로 언어를 습득할 수 있게 작용한다는 것이다. 실제 어린이는 취학 전까지 조직적인 문법규칙을 배우지 않지만, 모국어에 대한 기본적인 문장구조는 취학 전에 모두 터득한다. 이러한 문장형성 규칙을 어린이들은 어떻게 배울 수가 있을까? 촘스키에 의하면, 언어습득이란 선천적으로 타고난 두뇌의 언어획득장치 속에 프로그램화된 언어습득 능력이 제 기능으로 작용하기 때문에 일어난 수 있는 기적적인 사실이라고 본다.

언어발달심리학자인 맥닐(McNeill, David, 1966)에 의하면, 언어획득장치란 아래와 같은 네 가지 기능을 가진다.

첫째, 인간의 음성언어를 다른 소리로부터 구별할 수 있는 능력을 갖게 한다.

둘째, 언어학적 현상에서 유형별로 구분하는 문법지식을 갖게 한다.

셋째, 모든 지식을 언어학적 조직으로 흡수할 수 있는 능력을 갖게 한다.

넷째, 언어학적 지식을 계속적으로 평가하여 단순화시킬 수 있는 능력을 갖게 한다.

촘스키의 변형생성문법과 언어획득장치에 관한 가정은 심리언어학 연구에 큰 변화를 가져오게 했다. 심리언어학자들로 하여금 다른 언어환경에서 자란 모든 어린이들의 언어습득의 공통성과 보편성을 발견하게 했기 때문이다. 응용언어학자들은 어린이의 자연 언어습득 과정의 주요성을 인식하게 되었고, 그것을 교육자료로 활용하고자 시도하게 되었다.

만약 촘스키의 언어획득장치 이론이 사실이라면, 어린이는 언어를 조직적으로 교육받을 필요가 없고, 그 어린이가 배우고자 하는 대상언어에 노출되면 언어 습득이 가능할 것이나, 그의 언어생득설은 70년대에 많은 비평을 받게 되었다.

첫째, 슐레징어(Schlesinger, I.M. 1977)에 의하면, 어린이 두뇌는 백지화 상태도, 언어획득장치도 아닌 인지습득장치(Cognitive acquisition device)이다. 인식의 내재적인 발전은 지적 발달과 연관이 되고, 그 지적발달이야말로 언어 습득의 기본요인이 된다고 보고 있다. 사람이 실제로 문장을 만드는 과정은 생성문법이 문장을 생성하는 방법과 다르고 거기에 작용하는 규칙체계도 생성문법과는 다르다는 것이다.

둘째, 촘스키의 언어생득설과 변형생성문법으로는 어린이 언어의 통사론과 의미론을 구분하여 설명하기가 곤란하다. 격문법을 제창한 필모어(Fillmore, C.J., 1968)에 의하면, 어린이 언어습득은 통사론적 습득에 의존하기 보다 의미론적인 습득에 더 의존하기 때문이다.

결국, 언어생득설은 어린이가 언어를 습득할 수 있다는 사실과 고양이가 언어를 습득할 수 없다는 사실을 명확히 구별할 수는 있었으나, 사물이나 사건 등 실제의 세상은 '어떻게' 언어 지식으로 내면화하며, '어떻게' 언어로 습득이 되는지 실제 언어교육에 대한 구체적인 제시가 빈약하다는 문제점을 안고 있다. 어린이에게서 언어습득은 오직 언어학적 입력에만 의존하는 것이 아니고, 그 이외 사회, 문화적, 교육적, 심리적인 복합적 요인과 어우러져서만 비로소 가능하기 때문이다.

2) 언어습득이론

인지론적 언어 습득론이다. 인지언어학은 1980년대 후반부터 연구되기 시작하였다. 구조주의언어학이 인간과 독립된 문장 자체의 구조를 연구하였고, 변형생성문법이 인간의 경험과 분리된 독립된 언어능력을 주장하였다면 인지언어학은 인간의 경험이 언어와 밀접한 관련이 있다고 보고 언어능력만이 아니라 인간의 인지 전체가 언어와 관련된다고 주장한다. 따라서 이전의 전통문법이나 구조주의문법, 변형생성문법이 의미보다 형태나 구조에 더 큰 비중을 두었다면 인지언어학은 형태와 의미를 분리하지 않고 통합적으로 연구하는 것을 특징으로 한다.

인지언어학과 구조주의 언어학, 변형생성문법의 차이 중 하나는 어휘의 기능에 관한 것이다. 구조문법과 생성문법은 통사론 중심으로서 단어의 의미는 사전적 의미 정도로 만족한다. 그러나 인지언어학에서는 문장의 의미를 파악하기 위해서 문법적 의미와 함께 단어의 의미를 파악하는 것을 중요시한다. 또한 대부분의 단어는 다의성을 가지고 있으며 그 의미는 문맥이나 상황에 따라 사전적 의미와는 다른 의미가 될 수도 있음을 인정한다.

인지론적 언어습득론의 주창자인 삐아제(Piaget, Jean, 1962)는 유기체와 환경간의 상호작용에서 이루어지는 적응의 결과로 인지발달이 이루어진다고 보았다. 그의 이론에서는 동화, 조절과 같은 기능적 측면뿐 아니라 유기체가 환경에 대해 가지는 이해의 틀인 구조도 상호작용의 과정 속에서 변화될 수 있다. 삐아제는 이론적 초점을 대인간 상호작용을 통한 개인의 내적 심리의 변화, 즉 발달에 두었다. 아동은 자발적으로 성장하고 발달하는 존재로서, 스스로 사회적 환경을 탐색하고 대인간 상호작용을 통해서 발달을 이루어 나간다는 것이다.

삐아제는 어린이 두뇌의 인지발달을 네 단계로 나눴다.

첫째는 '감각운동의 단계(출생 이후 2세까지)'이다. 생후 약 8개월까지 어린이는 반사작용을 통해서 울음과 옹알이로부터 음성언어를 발달시키고 인식과 근육운동 신경의 상호 조정현상이 익숙해지는 1살 경에는 습관이 형성되고 의지가 생기며 한 단어를 이용하여 의사를 표현하게 된다. 약 12~18개월에 어린이는 어떤 대상과 실제 경험을 통해 '아니 no', '없다 all gone', 혹은 '더 more'라는 단어를 습득한다. 그리고

2세경에는 원인과 결과 단계를 표현할 수 있는 통사규칙을 습득한다.

둘째는 '전조작적 사고의 단계(2~7세)'이다. 이 시기에 이르면 눈에 보이지 않는 사물이나 행동을 표상하기 시작한다. 따라서 이 시기의 어린이에게는 비언어적인 상징행동이 많이 나타난다. 베개를 업고 다니기도 하고 팔에 안고 잠재우는 시늉도 한다. 이들의 사고는 직관적 판단이 우세하다. 또한 이 시기의 아동은 언어사용과 공간조망에 있어 자아중심성을 보인다. 또 이들은 생물과 무생물 사이의 구별이 없는데, 대개 생명이 없는 대상에게 생명과 감정을 부여하는 물활론적 사고를 한다. 2~4세의 어린이는 어떤 대상물과 그 대상물에 대한 내면성이나 상징단계를 통해서 추상적인 단어를 습득하고, 시간적 개념과 소유개념이 명확해지며, 세 단어를 사용하여 문장을 구사할 줄 안다. 4~7세의 어린이는 직관이 형성되며, 사물에 대한 고유한 의미를 터득한다. 이때의 직관은 자기중심적이어서 사회적인 기준과는 약간 거리가 있다. 이 시기에 의문문과 '왜냐하면' 같은 접속사의 습득이 완성된다.

셋째는 '구체적 조작의 단계(7~11세)'이다. 이 시기에 어린이에게는 둘 또는 그 이상의 상호 관련된 조작을 동시에 논리적으로 해결해 내는 이성이 형성된다.

넷째는 '형식적인 조작의 단계(11~15세)'이다. 이 시기에 어린이는 성인과 같은 논리와 추상적 사고를 할 수 있는 성숙된 단계에 들어서며, 가설을 설정하고 검증할 수 있는 인지능력도 갖추게 된다. 중요한 것은 어린이들은 인지능력의 발달이 단어의 습득이나 표현력에 선행하고 있다는 것이다.

촘스키의 언어생득설 지지학자들은 인지적 언어습득이론이 생득설의 한 여파에서 시작한 가설인 것처럼 혼동하고 있다. 그러나 삐아제는 촘스키의 언어획득장치란 동물, 혹은 어린이의 두뇌에서 가정하기가 어려운 기제이므로 이에 대한 대안으로서 인지습득장치를 제안하고자 한 것이다. 그의 가정에 따르면, 모든 어린이는 인지능력이 충분히 발달하였기 때문에 모국어도 습득할 수가 있다는 것이다.

삐아제는 아동심리학자이므로, 인지적 언어습득론은 몇 가지 당연한 제한성과 그에 따른 비평을 받고 있다.

첫째, 감각운동의 단계에서의 개념숙달과 실제 초기 어린이의 언어발달과의 연관성에 대한 확증할만한 자료가 빈약하다.

둘째, 단어를 숙달한 후 어떻게 어린이가 더 복잡한 문장구조나 형태를 해독할 수 있는 능력을 배우는가 하는 것에 관한 명확한 대답이 없다.

셋째, 인지론자들은 흔히 언어지식과 언어능력이란 어린이에게 언어학적 입력이나 노출이 없이는 설명할 수 없다는 사실을 무시하고 있다.

넷째, 인지론적 언어습득론은 장애자의 언어습득 과정을 설명하지 못하고 있다. 어떤 어린이는 정상적인 인지의 발달에도 불구하고 전혀 언어의 발달에 성취가 없는 경우가 있다. 따라서 어린이의 언어습득은 인지의 발달보다 더 복잡한 습득 요인을 포함하고 있다.

5.3. 경험주의와 이성주의 언어론

20세기 초 구조주의 언어학이 대두되면서 언어교수법은 실용성을 중시하였다. 심리학적인 면에서 왓슨, 스키너, 파브로프 같은 행동주의 심리학자들의 학습이론이 이를 뒤따랐다. 20세기 심리학은 언어습득을 학습과 모방의 결과로만 이루어지는 산물로 여겼다. 이에 1930년대 구조주의 언어학이 태동되어 문법학자들이 구어체 언어에 관심을 기울이기 시작하였다. 구조주의 언어학자들은 경험주의 철학과 행동주의 심리학에 그 이론적 바탕을 두고 언어습득을 경험에 의한 것으로 보았다. 그러므로 인간은 태어나서부터 언어를 모방하며 강화와 반복으로 강화되기 위해서는 언어환경에의 노출이 반드시 그 전제요건이 된다는 것이다.

그후 1965년 마침내 그러한 유형이 지니는 한계성이 촘스키에게서 밝혀지면서, 언어가 영상, 혹은 감성과 소리 사이의 단순한 연결이라는 메커니즘만으로 축소될 수가 없다는 사실이 알려지게 되었고, 이에 행동주의 언어학에 대한 반성이 일어나기 시작했다. 이에 1970년대에 태동하기 시작한 변형생성문법에 의한 언어학과 심리언어학의 발전은 구조주의 언어학을 보완하는 측면에서 역시 언어교육에 큰 영향을 주었다.

언어 습득의 빠른 속도, 결코 이상적이라 할 수 없는 수용조건들에도 불구하고 나타나는 언어발달의 규칙성, 아동들의 서로 다른 지능 및 경험과는 별로 상관관계를 가지지 않는 독립성, 아동이 만들어 내는 문장들의 창의성과 고유성 등 이 모든 사실들을 종합해 보면 형태학습과 모방에만 기초를 두고 있는 이론적 접근방식을 포기할 수밖에 없다는 결론에 이르게 된다. 오직 강력한 내재적 장치만이 성인의 말로부터 아동이 모국어 모델을 추출하는 것을 가능케 한다. 촘스키는 이러한 사실로부터 출발하여 출생 시 이미 존재하는 '천부적 재능'

에 대한 우리의 오래된 직관을 과학적으로 구조화하게 된다.(강옥경: 25-26) 이에 변형생성문법 학자들은 이성주의 철학과 인지주의 심리학을 바탕으로 언어습득을 선천적인 언어능력에 의한 것으로 간주하고 있다. 인간의 언어습득은 내면적인 인지활동에 의해 이루어지고 두뇌 속에 언어획득장치가 있어서 유한의 언어규칙만 습득하면 무한의 문장을 생성할 수 있다는 주장이다.

여러 가지 교수법이 등장되어 현재까지도 바람직한 외국어 교수 방법론에 대한 논의는 진행중이지만, 여기서는 교수 방법론의 양대 흐름으로서 구조주의, 혹은 경험주의와 변형생성주의, 혹은 이성주의의 교수학습에 대한 접근의 의미와 원리를 살펴보기로 한다.

1) 경험주의: 아동은 백지상태로 태어나 성장과정에서 외부자극의 다양한 강화를 통해 점차 조건화하여 경험을 통해 언어를 습득한다는 객관적, 과학적, 귀납적 방법론의 관점이다. 이러한 기본철학석 성향의 특징이나 강조점 등을 도표화해보면 〈표 052〉와 같다.

기본철학	경험주의(empiricism)-행동주의
주창자	블룸필드(Bloomfield)
강조점	언어들의 차이점을 강조
특징	기계주의적 언어기술
경향	자극, 반응의 기계, 물리 상태 중시
목적	귀납적 일반화
주의점	습관화, 조건화의 강화를 추구하나, 산만하고 부정확한 소지가 있다.

〈표 052〉 구조주의 언어이론의 요점

2) 이성주의: 아동은 생득적인 지식체계(언어적 성향, 경향 등 본질적 지식)를 가지고 태어나며 유한한 규칙만 습득하면 잠재능력에 바탕한

내면적 인지활동에 의해 무한수의 문장을 만들 수 있다는 직관적, 논리적, 연역적 방법론의 관점이다. 이러한 기본철학적 경향의 특징이나 강조점 등을 도표화해보면 〈표 053〉과 같다.

기본철학	이성주의(rationalism)-응용주의
주창자	촘스키(Chomsky)
강조점	언어들의 유사점을 강조
특징	심리주의적 언어기술
경향	이성, 창조적 언어기제의 역할 중시
목적	연역적 이론수립
주의점	생득적 언어기제를 운용하여 언어의 창조성을 부각, 활용한다.

〈표 053〉 생성주의 언어이론의 요점

5.4. 감성적 수용기의 언어 습득 과정과 특성

감성적 수용기란 유아기와 아동기를 일컫는 말이다. 학습이나 습득의 과정은 아동기와 청소년기를 구분하는 11세를 전후하여, 크게 그 이전 유아기, 아동기의 감성적 수용기와 그 이후 청소년기 및 성인기의 이성적 판단기로 나누어 볼 수가 있다. 감성적 수용기와 구분되는, 이성적 판단기(11세 이상 청소년, 성인기)란 선악과 호불호의 개념이 확립되고, 개인의 정체성이 이미 확립되므로, 개인적 상황과 요건이 모든 판단의 절대적이고 우선적인 기준으로 기능하기 시작하는 특징을 보인다. 여기서는 자연스럽게 우러나는 본능적인 욕구와 호기심을 주된 동력으로 삼아 언어가 획득되는 감성적 수용기의 습득의 과정과 양상을 살펴보기로 한다.

1) 감성적 수용기의 언어 습득 과정

(1) 조건반사기: 본능기(4세 미만)

자극에 대하여 유의미한 지각이나 인식이 동반하지 않는 반응을 보이는 시기이다. 자극-반응(S-R: stimulus-response)은 점차 보상으로 고무되며, 이러한 훈련된 활동의 결과인 '습관의 힘'이 습득의 본질적 양상이 되므로, 반응의 행동은 학습이나 습득의 가장 중요하고 궁극적인 기초단위로서 이를 바탕으로 점진적인 학습 과정이 진행된다.

(2) 연상기: 몰입기(7세 미만: 유한한 감각인상, 인지세계에 몰입)

환경을 지각하고(감각) 알아차리는 관찰력(관념)이 연상이다. 관념에 이르는 연상은 공간이나 시간에 있어서 대상이나 사건의 근접성, 유사성, 빈번도, 현저성, 관심도를 모두 포함한다. 이전에는 관계가 없던 자극을 어떤 특별한 반응과 연결 짓는 동물의 능력인 연상학습은 주로 강화가 새로운 행동양식을 구체화하는 조건반사 과정을 통해 발생한다(조건형성). 최초의 유명한 조건반사 실험은 19세기 러시아의 생리학자 이반 페트로비치 파블로프가, 개가 종소리를 들으면 침을 흘리는 조건반사를 실험한 것인데, 이때 주체의 내면적인 변화, 곧 지각이나 마음상태가 발동하는 기간이 연상기에 해당한다.

(3) 강화기: 순수기(11세 미만: 언어적으로는 재구성기, 문법화기에 해당)

강화란 어떤 주체의 행위가 반복되어 보상받았을 때 주체의 행동이 조성된다는 것을 설명하기 위해 발전된 개념이다. 연상의 능력을 넘어서는 다른 고려사항들, 단어를 재구성하고, 문법화하는 과정이다. 언어심리학자들은 언어학습은 너무 많은 단어와 그들의 조합을 포함하기 때문에 연상이론에 의해 만족스럽게 설명될 수 없으므로, 이를 보완하는 개념이다. 유전학적으로 이어받는 어떤 기본적인 조직구조, 선천적 '문법'이 언어학습에 내재되어 있다고 주장한다.

2) 감성적 수용기의 특성 - 순수성

언어를 획득하는 데는 결정적 시기가 있다. 2-11세가 이에 상당한다는 주장이 그것이다. 삐아제에 따르면, 이 때는 아직 성인과 같은 논리적, 추상적 사고를 할 수 있는 성숙기 단계에 들어서기 이전의 단계여서, 11세 이상 청소년, 성인기의 이성적 판단기에 확립되는 선악과 호불호의 개념이 아직 확립되지 못하고, 개인의 정체성이 아직 확립되지 못하는 시기이다. 이때는 개인의 인격성이 아직 환경과 미분화된 상태에서의 자기중심주의적인 상태에서 자연체에 동화되고 몰입한 상태이다. 이 시기를 대표하는 특성은 '순수성'에 있다.

변형생성주의자들은 "강력한 유전적 장치를 가지고 태어나며 이 장치에는 개별 언어의 구조를 이루는 보편원리들에 대한 함축적인 지식을 포함하고 있다."고 주장한다. 이 장치는 인간 두뇌의 일부인 보편적인 장치로 구성되어 있는데, 그는 이를 '보편문법'이라 하였다. 이 문법은 모든 자연어 문법의 기초가 되는 기본구도이다.(강옥경: 26)

로크의 '백지상태'는 데카르트의 '생득관념'을 부정하는 것이었으나, 촘스키는 다시 로크를 부정하고 데카르트의 '생득관념'으로 돌아갔다. 이에 삐아제는 다시금 로크를 들어 촘스키를 로크와 이어놓고 있다. 언어생득설이 주장하는바 '유전적 메커니즘'이란 인간의 생리적 구조상 뇌 속에 물리적으로 따로 존재할 수 없는 것이므로, 그것은 바로 인지습득장치라는 추상적 상태일 뿐이라는 삐아제의 주장이 이것이다.

11세가 지나면 두뇌 속에서 사라지기 쉽다는 점에서 삐아제의 인지습득장치는 촘스키의 언어획득장치와 맥락이 같다. 이에 언어생득설 지지학자들은 인지주의를 이성주의의 한 분파 쯤으로 혼동하고 있다. 이성적 수용기가 시작되어 선악, 호불호의 개념이 확립되고, 개인의 정체성이 확립되면서, 개인적 상황과 주변 요건을 판단의 기준으로 삼기 시작하는 합리적인 사유의 시기에 해당하는 11세 시기에, '정체성'과 '합리성'이 자리잡기 위하여 대신 희생되는 것이 있다면, 그것은 바로 이 감성기의 '순수성'이다. 아동 심리학자로서 삐아제가 발견하고 주장했던 '인지습득장치'란 언어에 대한 선입견이 형성되기 이전 아동기의 '순수성'의 심리상태에 대한 다른 표현에 불과하다.

'언어획득장치'란 '인지습득장치'에 불과하다고 주장했던 삐아제에 따르면, 촘스키에게서 제안된 언어학자들의 '언어획득장치' 개념 또한 심리학적으로 보자면 결국 아동기의 '순수성'에 지나지 않는다. 촘스키의 '언어획득장치'가 유전적장치인 한, 성인 학습자가 노력으로 회복할 수가 없지만, 삐아제의 '인지습득장치'가 감성기 유아나 아동의 '순수성'의 심리상태인 한, 성인 학습자는 이를 일부나마 회복될 수가 있다. 따라서, 삐아제가 발견한 '인지습득장치'의 개념은 성인 학습자들에게는 더없이 다행스런 새로운 세계임에 분명하다.

그럼에도, 한편으로는 영악한 성인에게서 '순수성'을 되찾기란 사라진 유전적 장치를 되찾기만큼 어려운 일이다. 다만 다행스러운 것은, 촘스키의 메커니즘은 부정될 지라도, 변형생성주의자들의 언어보편성의 개념과 보편문법의 존재는 부정되기가 어렵다는 점이다. 이는 언어획득장치의 작동원리이자, 심리학자가 고안하기는 어려웠을, 언어습득장치의 작동원리이기도 하기 때문이다. 가장 순수한 유아기와 아동기에게서 작동 가능한 언어의 형상을 보편적인 원리의 개념에서 분석한 것이기 때문에 '언어획득장치'가 부정되는 때에서도, 촘스키의 발견은 여전히 위대하다. 보편적인 언어의 원리를 아동들의 안목에서 정리한 것이므로, 삐아제의 순수성 개념을 이해하기만 하면, 성인 시기의 언어 학습 또한 감수성의 시기이자 순수기의 언어습득이 지녔을 역동성을 회복할 길이 열렸기 때문이다.

6. 언어와 두뇌

인간의 두뇌는 하나의 통합된 기관이며 뇌 기관의 모든 조직과 하부 기관들이 서로 결합하여 인지가 형성된다. 간혹 건강한 사람도 때로는 단어가 혀끝에 맴돌며(TOT: Tip of the Tongue)[11] 기억이 날 듯 말 듯도 하고, 주의가 분산되며 방해 받으면 단어가 부적절하게 쓰이는 발화오류가 발생할 수도 있는데, 이는 뇌 속 '심성어휘집(internal lexicon)'[12]에 영구 기억된 단어의 집합이 얼마나 방대하고, 두뇌 조직이 얼마나 민감한 것인가를 되돌아보게 하는 계기가 된다. 예컨대 'car park'를 'par cark'로 철자를 잘못 조립한다든지, 소리가 유사해서 'corporal(신체의)'을 'capital(수도의)'로 말하는 가하면, 의미가 유사해서 '내일(tomorrow)'을 '어제(yesterday)'라고도 하고, 혹은 억압받았던 생각들이 표출되는, 이른바 '프로이드식으로 미끄러져 나오는' 경우도 있다. "친구 얘긴 하지 말아야지" 하는 부담감을 가질 때에는 어쩌다 언어회로가 방해를 받으면서 '친구'란 말부터 미끄러져 나오는 경우가 그렇다.(Aitchison, 2004)

---

11) 설단현상(舌端現象: Tip of the tongue Phenomenon)이다. 'tip of the tongue'라고 부른 것은 하버드 대학의 브라운(Brown, Roger)과 맥닐(McNeill, David)이다.(Brown, R. 1966)

12) 영구기억속에 저장된 낱말정보들의 집합

6.1. 뇌의 기능

뇌가 손상된 사람들은 언어장애를 겪는다. 이른바 실어증이다. 뇌의 어떤 부위가 손상되었는가에 따라 실어증은 두 가지로 나뉘며, 이 명칭은 이 장애를 처음 발견한 사람의 이름에서 유래했다. 브로카(Broca) 실어증 환자들은 다른 사람들의 말은 이해하지만, 스스로 말하는 데 문제가 있다. 음성언어 중 발성과 조음 등 언어구사에 지장을 받기 때문에 보통 그들의 말은 문법에 맞지 않는 서너 단어의 문장으로 구성된다. 베르니케(Wernicke) 실어증 환자는 음성언어를 발음할 수는 있으므로 말하는 데는 문제가 없지만, 다른 사람들의 말을 청취해도 이해하지 못한다. 따라서 그들이 하는 말은 문법은 맞지만 상대방의 말과는 전혀 관계없는 말을 한다.

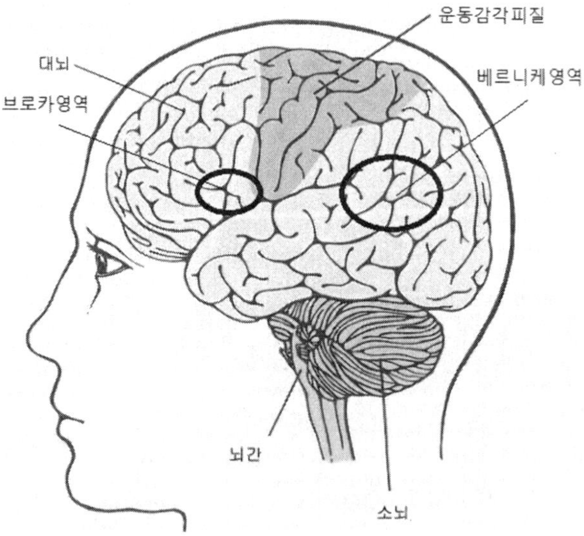

<그림 061> 브로카영역과 베르니케영역

브로카는 프랑스의 외과 의사이며, 베르니케는 독일의 신경과 의사로, 두뇌의 각 지점에서 언어의 습득과 수행의 기능을 통제, 관장하고 있다는 가설을 제일 먼저 주장한 의사들이다. 이른바 두뇌국부화이론으로, 뇌의 사고 기능에는 편측성(Lateralization)이 있는데, 좌뇌와 우뇌가 서로 다른 사고를 주관한다는 것이다.

1970년대에 신경외과의사 보겐(Bogen, Joseph E.)은 뇌량(腦梁: Corpus Callosum)[13]을 절제하는 수술을 받은 환자들의 행태가 독특하게 나타나는 것을 관찰하고 이를 '뇌기능 분열 현상(Split Brain Phenomenon)'이라고 발표한 데서부터 좌뇌와 우뇌의 사고기능에 대한 연구가 활발하게 진행되었다. 지금까지의 연구된 좌뇌와 우뇌의 기능의 차이, 즉 편측성을 살펴보면 다음과 같다.

좌뇌는 언어적(Verbal)[14], 수학적(Mathematical)[15], 분석적(Analytical)[16], 지역적(Literal)[17], 직선적(Linear)[18], 원심적(Eccentric)[19]인 사고를 담당

---

13) 바른편 뇌와 왼편 뇌를 연결하는 부위. 뇌의 세 가지 주요 열 중의 세로열(longitudinal fissure) 밑으로 좌뇌와 우뇌를 건너다니며 잇고 있다.

14) 대부분의 사람들은 언어중추(Speech Center)가 왼편 뇌에 위치하고 있다. 그래서 중풍 환자의 경우 왼편 뇌가 손상되었을 때는 바른편 팔다리가 마비됨과 동시에 말을 못하게 된다.

15) 과학적(Scientific)인 사고를 하는 기능이다.

16) 사물을 잘게 썰어서 생각하는 것이다. 총론적이 아니고 각론적이라 할 수 있다.

17) '개밥의 도토리'라는 말의 숨은 뜻을 이해하지 못하고 '개밥'과 '도토리'만 생각한다.

18) 낱개를 따로 감지하는 기능이다. 숲을 보는 것이 아니라 나무 하나하나를 보는 것이다.

19) 상궤나 정도를 벗어나는 별나고 엉뚱한 경향을 지닌다.

하는 반면에, 우뇌는 영상적(Imaginative)[20], 예술적(Artistic)[21], 포괄적(Comprehensive)[22], 은유적(Metaphoric)[23], 직관적(Intuitive)[24], 구심적(Concentric)[25]인 사고를 담당한다.

이상에서 열거한 양측 뇌 기능의 차이점을 한 마디로 요약한다면, 좌뇌는 논리적 사고를 담당하고 우뇌는 직감적 사고를 담당한다. 우리가 '안다(Knowing)'고 하는 상태는 논리적으로 '배워서 아는 것'과 직감적으로 '느껴서 아는 것'의 두 가지가 있다. 나이가 어릴 때에는 주로 좌뇌 기능에 의존하여 암기력을 키우나, 고등교육을 받을 때는 우뇌 기능에 의존한 '이해력'을 키운다. 그러나, 일단 사회생활을 하게 될 때에는 '판단력'이 우수해야 능력을 인정받을 수가 있는데, 이러한 판단력은 좌뇌와 우뇌가 균형을 이루며, 암기력과 이해력이 함께 발달해야 가능한 것이다.

뇌량이 절제되지 않는 한 좌뇌와 우뇌는 정보를 공유하며 그 기능이 서로 조화를 이루기 마련이다. 다만 좌뇌우세형과 우뇌우세형의 경향은 나타날 수가 있다. 기독교, 이슬람교, 힌두교 등 세계 3대종교는 모두 아시아에서 탄생하였다고 여길 수가 있다. 이에 정신문명을 토대로 한 종교적인 면에서 동양은 서양에 많은 영향을 끼쳤다고 볼

20) 상상적(Imaginary)이다. 공간 감각과 영상으로 정보를 감지하는 기능을 말한다.
21) 음악적, 창조적, 정서적, 철학적, 종교적, 영적인 모든 형이상학적 능력이다.
22) 종합적(Integrative)이라는 것이다. 전체를 통째로 바라본다.
23) '다 된 밥에 코 빠뜨리기'라는 말 뒤에 숨어 있는 뜻을 이해하는 능력이다.
24) 직감적이라는 것이다.
25) 같은 중심과 축을 향해 융합적, 통합적이다.

수가 있다. 이에 반하여 서양은 물질문명을 토대로 한 과학과 기술로 동양에 적잖은 영향을 끼쳤다고 볼 수 있다. 종교와 과학의 분야에서 서양이 좌뇌우세형의 문화를 발전시켰다면, 동양은 우뇌우세형의 문화를 발전시킨 셈이다. 동서양의 문화가 조화를 이루며 인류가 오늘날의 문명사회를 일군 것이니, 좌뇌와 우뇌가 균형을 이루는 것이 이상적일 것임이 이와 같다.

의학의 경우에서도 서양의학의 논리적이고 분석적이고 과학적인 연구방법은 좌뇌우세형의 경향을 지니고, 동양의학의 유기적이고 포괄적이고 철학적인 이해방법은 우뇌우세형의 경향을 지닌다. 좌뇌와 우뇌가 균형을 이루는 것이 이상적이듯이 의학도 동서양이 상호 보완하며 어우러진다면 정신과 육체를 아울러 삶에 더 큰 기여가 있으리라고 기대되는 것 또한 종교나 과학의 경우에서와 마찬가지일 것이다.

6.2. 뇌와 언어

인간은 두뇌, 신경과 함께 구강, 인두, 후두, 횡격막, 골간근 등 모든 인체조직이 언어 습득에 적합하고, 이런 신경조직 및 인체조직의 우수성 때문에 인간만이 언어를 습득할 수 있다. 많은 신경언어학자들은 두뇌 국부화 이론(localization theory)을 믿고 있다. 그들은 각 두뇌부분이 언어습득을 위한 서로 다른 통제나 기능을 한다고 믿는다. 예를 들면, 두정엽의 연상회(supramarginal gyrus) 지점은 '문법' 기능을 습득하게 하고, 역시 두정엽의 각상회(angular gyrus) 지점은 '읽기와 쓰기' 기능을 습득하게 한다. 만약, 학습자 두뇌의 연상회 지점에 장애가 있다면 음성

언어의 발음, 청취, 이해력, 읽기, 쓰기는 잘 하지만 오직 '문법'적인 기능의 습득은 곤란하다.

두뇌가 언어에 미치는 영향에 대한 연구결과는 다양하다. 신경언어학자의 두뇌 측면화이론(lateralization theory)에 의하면, 인간의 두뇌는 두 개의 반구로 나뉘어 있고, 좌뇌는 언어와 음성언어를 통제하고, 우뇌는 숫자와 음악을 통제한다. 이음이원청각실험(dichotic listening tast)에 의하면, 동시에 양쪽 귀에 두 개의 다른 어휘를 들려 주었을 때, 실험대상자들에게는 바른편 귀에 들려준 어휘가 왼편 귀에 들려준 어휘보다 영향력이 크다.

두뇌의 뉴런과 감각기관의 상호 관계도 언어 습득에 영향을 미친다. 측두엽(temporal lobe)은 기억력을 관장하고, 후두엽(occipital lobe)은 시각능력을 통제한다고 알려져 있다. 사물의 시각정보는 양눈을 통하여 1차 시각영역인 후두엽에 이르렀다가 시각, 청각, 체지각을 통합 관리하는 두정엽을 거쳐 측두엽의 베르니케영역에 도착하며, 이해과정을 거친 뒤에 다시 전두엽의 브로카 영역에서 운동영역을 통해 음성언어로 변화시켜 보내고, 필요한 경우 측두엽의 기억장치에 하나의 지식으로 보관한다. 청각정보는 양귀를 통해 1차청각영역인 헤쉴 이랑(Heschl's gyrus)을 거쳐 역시 베르니케영역에 도착하는 과정은 같다. 마주 대화하는 두 사람에게서는 1차청각영역에 수집된 청각정보가 청각연합영역의 분석을 거쳐 베르니케 영역과 브로카 영역으로 연결된다. 브로카 영역에서는 새로운 발화정보를 형성하고 이를 운동영역으로 보내며, 뇌간(brain stem)의 12쌍의 뇌신경 중 혀의 동작을 통괄하는 12번 하설신경(hypoglossal nerve)으로 명령을 전달할 수 있도록 발화과정을 준비한다.

6.3. 뇌와 기억

1) 기억과 전기, 화학적 기능

인간은 중요한 정보들을 기억으로 저장하며, 저장된 기억들을 연결해 사고한다. 측두엽(temporal lobe)은 기억력을 관장한다. 이에 뇌를 이루는 140억 개의 신경세포(뉴런)들은 시냅스(synapse)로 연결되어 기억이 형성된다. 뉴런과 뉴런은 서로 붙어 있지 않고 미세한 간격으로 떨어져 있는데, 시냅스란 바로 이 신경세포 사이, 사이의 미세한 공간이다. 뇌에서는 신경세포마다 수천, 수만 개의 시냅스가 형성된다.

시냅스에서 신경돌기가 생성되고 변화하는 과정은 대단히 역동적이다. 우선 강한 자극을 받으면, 신경돌기가 통통해졌다가 갈라져 새로운 돌기가 나오며 활발한 수상돌기를 형성한다. 수상돌기가 발달하면 시냅스 연결도 많아지면서, 신경세포에 더 많은 새로운 시냅스가 형성된다. 학습이 이루어지면 수상돌기에는 스파인(spine 가시털)이 형성되며 다른 신경세포의 스파인과 수십 나노미터 간격으로 접촉하듯 마주하게 되는데, 시냅스란 곧 이 스파인이 형성되고 있는 영역이기도 하다. 따라서 감정, 운동, 기억이란 모두가 바로 시냅스의 작용이다.(박문호: 528)

정보가 신경세포를 이동할 때, 뉴런 간의 신호전달방식은 일부는 전기적이고, 일부는 화학적이다. 뉴런 내에서의 신호는 전기적 반응으로 전달되며, 뉴런 간의 신호는 화학적 물질의 이동으로 전달된다. 즉 기억한다는 것은 뇌가 물리적으로 점차 바뀌는 과정이고, 이런 기억의 물리적인 실체가 바로 시냅스이다.

기억한다는 것은 이처럼 물리적으로 신경의 수상돌기가 발달하고, 시냅스 연결이 많아지고, 스파인이 활성화하는 과정이므로, 새로운 학습을 하기 위해서는 주의집중 하여 시냅스 연결이 많아지게 하는 민감화가 필요하고 스파인이 자리 잡을 수 있도록 연결고리를 맺어주려는 적극성이 중요하다. 하지만 동일한 자극을 반복해서 경험하면, 습관화 상태가 되고 신경세포 또한 반응 감도가 낮아지게 된다.

갓 태어날 때는 시냅스 연결이 드물다. 신경세포의 수가 많긴 하지만 시냅스는 듬성듬성하다. 그러다가 생후 1년 사이에 여러 경험을 통해 자극을 받아 시냅스가 많아지고 복잡해지면서 신경망이 촘촘하게 형성된다. 초등학교에 들어갈 시기인 6세 무렵에 이 시냅스는 과다해지는데, 이후부터는 시냅스 연결이 오히려 줄어들어 14세쯤에는 반복해서 자극 받는 시냅스 이외의 연결들은 소멸된다.

시냅스를 형성하는 스파인은 자극을 받으면 그 내부에 액틴단백질이 많아진다. 스파인 내부에 단백질이 많아지면 둘로 분열되어 두 개의 스파인이 된다. 이 과정은 1시간 이내에 일어날 수 있다. 이 또한 신경세포 사이의 시냅스에서 발생하는 화학적 반응의 일환이다.(박문호: 528-529)

그러나 이때 뉴런 단위에서의 정보의 이동 과정에는 전기의 반응 현상이 발생한다. 결국 신경세포들 사이에 정보가 교류되는 과정은 물리적으로 화학적 반응과 전기 현상에 의해 수행된다. 이 점에서 인간의 뇌가 인간의 뇌로서 궁극적 기능을 완수하는 데는 기본적으로 화학과 전기라는 화학, 물리적 현상을 바탕으로 하고 있음을 알 수 있으며, 결국 기억의 과정이란 다름아닌 자연의 모든 생명체가 수행하는 생명과 생존현상임도 알 수가 있다.

호주 그레이트 배리어 리프는 지구상에서 가장 아름다운 산호초지역으로 1981년 유네스코 세계 자연유산에 지정되었고, 2003년에는 영국 BBC방송국 '죽기전에 꼭 가봐야할 곳' 50개의 장소 중 2위에 선정되어 더 유명해졌다. 밤이 되면 산호도 적극적인 포식성동물이 된다. 같은 과인 불가사리와 비슷하다. 이웃 산호 군락과 너무 가까워지면 산호는 쏘는 세포를 내뿜어 너무 가까이 접근하는 산호군락을 공격하여 물러나도록 한다. 물고기들이 수면에 빠질 때는 산호초 사이의 틈이나 그 주변에 몸을 감춘다. 이때 조개는 잠이든 물고기를 사냥한다. 숨어 있지만 물고기가 풍기는 화학적 냄새를 맡을 수 있기 때문이다. 몰래 물고기에게 다가가면 아직 잠이 깨지 않은 물고기에게 이번에는 조개가 화학물질을 뿜는다. 물고기를 마비시키기 위해서이다. 마침내 물고기가 꼼짝달싹도 못할 때가 되면 통째 삼켜서 먹이로 삼는다. 이곳 산호 주변에 사는 파랑비늘돔은 점액질의 화학물질을 내뿜어 30분이면 몸을 에워싸는 막을 만들 수 있다. 이 막은 몸에서 나는 화학적 냄새를 가두어놓는 기능을 한다. 잠자는 물고기가 내뿜는 화학적 냄새를 찾아 달려드는 사냥꾼으로부터 공격을 피할 수 있게 하기 때문이다. 그러나 이 전략은 반만 성공적이다. 왜냐하면 모든 생물은 호흡할 때 생체전기를 내뿜는데 화이트팁 상어는 파랑비늘돔이 막 안에서 수면하며 호흡할 때 아가미의 움직임이 만들어내는 이 생체전기를 알아챌 수가 있기 때문이다. 파랑비늘돔은 수면 중에도 아가미를 움직여 숨을 쉬어야 하는데, 그때마다 생체전기를 내뿜기 때문에 화이트팁 상어의 사냥을 피할 수가 없다.

식물 역시 외부로부터의 위협을 감지하고 방어하는 기제를 가지고 있는데, 그 기제의 핵심은 세포 간 의사소통(신호 전달)에 있다. 식물은 외부의 공격으로 상처를 입으면 위험 신호를 몸의 다른 부분에 전달하고 침략자를 쫓기 위한 방어 태세를 갖춘다. 위험 신호의 장거리 운반자는 칼슘 이온이다. 칼슘 이온은 동물의 체내에서 전기적, 화학적 신호를 운반한다고 알려져 있다. 미국 위스콘신 매디슨 대학교의 식물학자 시몬 길로이(Simon Gilroy)와 토요타 마사츠구(Toyota Masatsugu) 박사 연구진은 애기장대(Arabidopsis thaliana)를 대상으로 한 최근 연구에서 식물이 감지하는 위험 신호 역시 칼슘 이온을 통해 전달된다는 사실을 확인했다.

연구자들은 칼슘 이온의 양이 늘어난 곳에서 녹색 빛이 나도록 애기장대에 녹색 형광 단백질 유전자를 투입하고, 애기장대의 잎을 가위로 자르거나 애벌레가 갉아 먹게 한 후 칼슘 이온의 움직임이 어떠한지를 추적했다. 그리고 현미경을 통해서 애기장대의 한쪽 잎이 먹히거나 잘려나간 후 몇 초 지나지 않아 해당 위치에 녹색 빛이 들어오고 이 빛이 곧 주변으로 옮겨져 다른 잎들로 퍼져나가는 것을 관찰했다. 특정 부분의 칼슘 신호가 단기간에 장거리를 이동한 것이다.

칼슘 이온이 위험 신호의 운반자라면, 그 신호를 개시하는 것은 무엇일까? 길로이와 마사츠구 연구진에 따르면 칼슘 이온을 활성화시키는 것은 글루탐산이다. 글루탐산은 아미노산의 일종으로 애벌레가 잎을 갉아 먹는 등 외부로부터의 공격이 있은 뒤 세포 외부에 분비되는 물질이다. 세포 외부에 있던 글루탐산은 세포막에 있는 글루탐산

유사 수용체와 결합하고, 그 결과 칼슘 이온 통로가 열리면서 칼슘 이온이 세포 내로 쏟아지게 된다. 이후 칼슘 이온의 분포에 따라 만들어지는 전기적 신호 때문에 칼슘 이온은 세포 간 채널을 통해 먼 곳까지 전달될 수 있게 된다.

스스로야 알든 모르든, 화학작용과 전기작용은 모든 생명의 생존과 깊이 관여하는 범 생물적 작용이다. 두뇌의 활동은 근본적으로 모든 생명체의 생명 현상에 그 뿌리를 두고 있음을 알 수가 있다. 전기적, 화학적 자극시 강렬한 즐거움 느껴 자극을 더 원하게 되는 부위가 대뇌보상경로(Brain reward pathway)이다. 선택지를 볼 때 두뇌에서는 신경세포를 활성화하며 우리 선택에 영향을 미친다. 자신이 무엇을 선택할지를 생각할 때는 도파민(dopamin: 활력)계 신경세포가 활동한다. 만족스러우면 오피오이드(opioid: 안정)계 신경 세포들이 활성화한다. 결국 뇌는 사소한 고민에도 에너지를 펑펑 쓰므로 결정할 때마다 피곤해 지지만, 그만큼 보람과 즐거움도 생기므로 이러한 자극을 다시 추구하게 된다.

2) 뇌의 한계성

독일의 에빙하우스(Ebbinghaus, Hermann, 1885)는 기억의 실험연구를 개척한 심리학자이다. 그는 기억의 망각을 연구하고 망각 곡선과 간격 효과를 발견했다.

(1) 망각 곡선

그의 망각 곡선(Forgetting curve)은 시간이 지나면서 감소하는 기억량에 대한 가설이다. 이 곡선은 기억을 유지하려는 시도 유무에 따른 시간량과 정보량의 상관관계를 보여준다. 망각 곡선의 그래프는 의식적으로 복습하지 않는 한, 기억된 내용은 급격히 망각되며, 기억이 강화될수록 더 오랜 시간 후에도 정보를 다시 떠올릴 수 있음을 보여준다. 에빙하우스는 'fjisd(?)' 같은 의미 없는 철자열을 가지고 망각의 양을 연구했으며, 기본교육(확실한 최초학습, 최적의 반복학습)과 기억술(mnemonics)[26]에 의해서 망각의 속도를 일정량 극복할 수 있다는 가설을 세웠다.

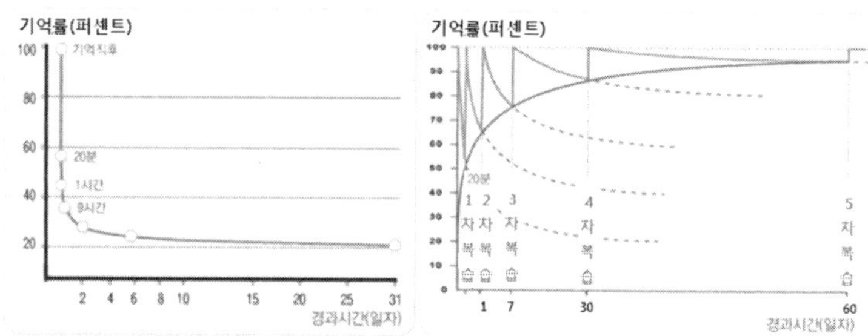

<표 061> 에빙하우스의 망각곡선. 왼편은 1회의 기억에 대한 망각곡선이며, 바른편은 5회 복습이 일어난 경우의 망각곡선

---

26) '연상기호(mnemonic)'란 연상하여 기억하기 위해 만들어진 짧은 코드를 가리킨다. 이러한 기억 방법을 개발하는 기술을 '연상기호기술', 즉 '기억술(mnemonics: 니마닉스)'이라고 부른다. 연상기호는 전화번호나, 사람이름, 혹은 서로 별 관계가 없는 항목들을 순서대로 기억하기 위한 간단한 방법으로 계속 이어지는 기이한 이야기를 만들어나가는 방식의 기억술이다.

(2) 간극 효과

똑같은 내용이라도 나누어 공부하면 훨씬 효과적이다. 심리학에서 이런 현상을 간격효과라고 부르는데, 이러한 간격효과를 활용하면 훨씬 효과적으로 자신이 원하는 정보를 기억할 수 있다고 한다. 그렇다면 어떻게 해야 간격효과를 활용하여 기억력을 극대화할 수 있을까?

마인드맵을 만든 영국의 토니 부잔(Tony Buzan)은 간격효과를 활용한 최적의 복습 주기를 아래의 〈표 062〉와 같이 정리했다. 장기기억에 해당하는 5회의 복습횟수를 제외하면 총 복습시간 16분 정도이지만, 이를 시간적 간격을 두고 실행하면 한 시간 동안 학습한 내용을 완전히 손 안에 넣을 수 있다는 것이다.

복습 횟수	경과시간	복습 시간
1회	10분	5분
2회	24시간	5분
3회	7일	3분
4회	30일	3분
5회	6개월	3분

〈표 062〉 최적의 복습 주기

학습한 내용을 한번 보고 말 것이 아니라면, 복습은 필수적이다. 우리의 뇌는 자주 보는 정보일수록 중요하게 여기는 경향이 있기 때문이다. 이 때문에 빨리 할수록, 자주 볼수록, 복습효과는 높다. 이러한 복습을, 간격효과를 활용하여 실행한다면 자신이 중요하다고 생각한 정보를 보다 쉽게 기억할 수 있을 것이다.(강성태: 129)

한꺼번에 벼락치기로 외우는 건 비효율적이어서 노력한 만큼 점수가 안 나온다는 것이다. 그보다는 시험 몇 주 전부터 미리 외우거나 양이 많으면 나누어 외우고 복습 내용을 다시 조금씩 모아간다면 훨씬 더 많은 것을, 훨씬 더 수월하게, 훨씬 더 오래 기억할 수 있다는 것이다.

6.4. 뇌의 창조력

뇌의 기억력은 한계성과 모호성을 지니지만 이는 새로운 가능성을 우리에게 제시한다. 신경과학자 에델만(Edelman, Gerald M.)은 《세컨드 네이처(Second Nature)》(2004)에서 창의성의 본질을 축퇴성, 우발성, 모호성이라고 주장한다.

첫째, 축퇴성은 기억된 정보들이 쌓여 겹치는 현상이다. 기억된 정보가 없으면 아무것도 떠오르지 않는다. 기억된 정보가 많아야 새로운 기억이 다양하게 결합하는 가운데 창의성이 발현된다. 창의성은 장기기억이 새로운 패턴으로 조합되는 새로운 관점에서 발현되는 것이다. 그런데 새롭다는 것은 이전에 경험한 내용에 비교해서 다르다는 것이니까 새로움을 인식하려면 이전의 경험기억이 선행되어야 하기 때문이다.

둘째, 우발성은 우연히 만나게 된다는 것이다. 예상하지 못한 곳에서 일어난다는 것이다. 정서적 창의성이 발현될 싹을 틔울 밭이 있어야 하는데, 대개 자기 분야에서 특출한 재능을 발휘하는 사람들을 보면 어린 시절의 경험에서 영향을 받은 경우가 많다. 뇌과학적으로 봤을 때 창의성은 10년 이상 해당 분야와 관련된 기억을 축적한 전문가들에게서 우발적으로 일어날 확률이 높다.

셋째, 모호성은 인간 기억의 특징이다. 기억이 정확하지 않고 애매하기 때문에 회상된 기억은 매번 달라질 수 있다. 기억이 모호하기에 확장성과 유연성을 갖게 되는 것이다. 그래서 변화하는 환경에 능동적으로 대처할 수 있다. 모호성은 순발력과 유사하다. 순간적으로, 새로운 시선으로, 사물이나 사건이 바라보이는 것이다. 그래서 습관화된 관점에서 그동안 보지 못했던 상황이 홀연히 나타날 수 있다. 기억정보의 세부에 얽매이지 말고 학습된 내용을 항상 총체적으로 간파하면서, 전체적인 관점에서 바라볼 수 있게 해야 순간적으로 다른 관점이 드러난다.

그런데 새로운 것을 학습하는 일은 어려운 일이다. 대뇌기저핵의 직접회로는 해야하는 행동을 선택하고, 간접회로는 필요없는 행동을 억제한다. 해야 하는 일을 하기 위해 불필요한 행위를 하지 않는 것이 핵심이다. 학습된 기억을 새롭게 조합하는 것이 바로 인지훈련이다. 창의적 전문가가 되는 길은 한 가지 목표를 수십 년간 추구하고, 그 나머지 모든 자극을 그 목표에 지속적으로 연결하여 목표지향적 인지훈련을 습관화하는 것이다.(박문호: 522-525)

7. 언어의 보편성

언어의 보편성이란 영어나 한국어 같은 개별언어 이전의 일반언어, 즉 '언어' 자체의 문제를 해결하기 위해 등장한 개념이다. 영어나 한국어는 영미인이나 한국인이 만들어 온 것이라 여겨도 되겠지만, '언어' 자체는 인간이 스스로 만든 것이 아니라 종의 성립, 개인의 탄생과 더불어 인간에게 주어진 것이다. 예를 들어 아이가 모국어를 배울 때 단어나 문법 등은 배우는 것이지만 아기가 옹알이 할 때의 발음현상은 따로 배우지 않고도 하는 것이기 때문이다. 언어의 보편성이란 곧 선천적으로 주어진 어떤 언어능력에 가까운 것이다. 예컨대 '음소(phoneme)'나 '구' 같은 용어나 개념은 어떤 언어에도 적용될 수가 있다. 촘스키(Chomsky)에 따르면, 모든 언어가 두루 갖추고 있는 이런 성질이 언어의 '보편성(condition on generality)'이다.(Chomsky: 50) 신호와 상징의 능력 자체는 기호로서 언어의 보편성에 속한다. 미국의 구조주의자들은 언어가 저마다의 문법 구조를 가지고 있으며, 각각의 언어에 맞는 기술 범주를 찾는 것이 언어학자의 과제라고 생각했다. 그러나 촘스키는 각각의 문법 이전에 보편적인 문법이 있다고 가정하고 그 규칙체계를 세우고자 했다. 이로써 언어학은 일대 패러다임의 변화를 겪게 되며 당시 주류였던 블룸필드 학파의 구조주의 언어학에 심대한 타격을 주었다. 촘스키의 생각은 1950년대를 풍미했던 행동주의 심리학에도 중요한 반론을 제기했다. 행동주의 심리학자들은 언어습득 역시 '자극', '반응', '조건화', '강화' 등의 용어로 설명하려 했다. 하지만 촘스키는 '언어의 창조성'은 자극-반응 모델로는 결코 설명할 수 없다고 여겼다.

언어의 보편성이 새로운 관심의 대상으로 주목될 만한 근거는 명백하다. 모든 언어는 예외 없이 첫째, 어린이가 배우며, 둘째, 저마다 다른 사회, 문화적 환경에서 의사소통의 기능을 다하며, 셋째, 성인들이 쉽고 효과적으로 말하고 이해하기 때문이다. 따라서 이처럼 예외 없이 배워서, 공유하며, 사용할 만한 어떤 요소가 모든 언어에 공통적이라는 점들에 유의한다면, 이는 언어와 아울러 이를 습득하여 말을 하고 이해하는 인간 자체에 내재된 공통된 능력으로 특징지어질 수밖에 없기 때문이다. 이것이 우리가 언어의 보편성에 특별한 관심을 갖게 되는 이유이다.

촘스키에 따르면, 언어의 보편성은 인간이 언어를 배우는 데에 선천적으로 타고난 경향을 반영한다. 그에 따르면, 언어를 배우는 데 있어서 어린이들은 복잡한 언어의 구조를 습득하기에는 확실히 부적절한 문장의 예들을 듣는다. 이 문장들의 구조 가운데 많은 것들은 관찰할 수조차 없는 데도 그들은 어떻게 해서든지 이러한 구조를 배운다. 어린이들은 언어는 어떤 것인가에 대한 어떤 혜안과 어떤 언어의 자질은 찾아내고 다른 것은 찾지 않는 선천적으로 타고난 어떤 경향을 가지고 있음이 분명하다. 어린이들이 찾아내는 이러한 자질들이 모든 언어에 공통되는 바로 그러한 자질일 것이다

7.1. 보편성과 보편문법

지구상에 존재하는 수많은 인간의 언어들은 언어마다 특수한 양상을 가지고 있다. 그러나 표층구조의 상이한 양상도 그 심층구조에 이르면 모든 언어에 공통적인 특성이 나타나며 이를 언어 보편성(language universality)이라고 한다. 보편문법(universal grammar)이란 이를 추구하는 문법 이론이다. 언어가 정신의 산물이라면 언어의 보편성은 정신의 보편성을 나타내고 있을 것으로 볼 수 있으며, 이는 전통적으로 인간의 이성에 기초한 합리주의(rationalism)에 그 기반을 두고 있다. 그리스어 로고스(logos)는 기원적으로 '언어'를 가리키나 영어에서는 '이성'과 '논리', 혹은 '하나님의 말씀'을 의미한다. 이는 언어가 이성적이고 합리적이라는 생각을 반영한 동시에, 언어의 범세계적 보편성을 반영한다고 볼 수 있다. 보편문법은, 선천적으로 지니는 유아들의 언어능력으로도 파악 가능한, 모든 언어가 공유하는 보편적인 성격의 문법이다. 이는 모든 언어를 관통하는 보편적 성질이 있음을 합리적으로 먼저 인정함으로써 비로소 얻을 수 있는 성격의 문법이다. 촘스키에게서 비롯된 보편문법 이론에서는 언어에 대한 지식을 선천적으로 타고 나는 것이라 주장했으며 이 지식의 독자적인 처리 과정으로서 '언어획득장치(language acquisition device: LAD)'를 강조하였다. 이렇게 독자적인 처리 과정을 거치는 언어 지식이 바로 '보편문법(Universal grammar)'이며, 따라서 이러한 보편문법은 선천적으로 이해 가능한 언어 규범이다.

안데르센(Andersen: 1973)은 세대에 걸쳐 언어가 변화하는 모습을 아래의 〈그림 071〉과 같이 나타내었다. 안데르센이 제시한 '성인들의

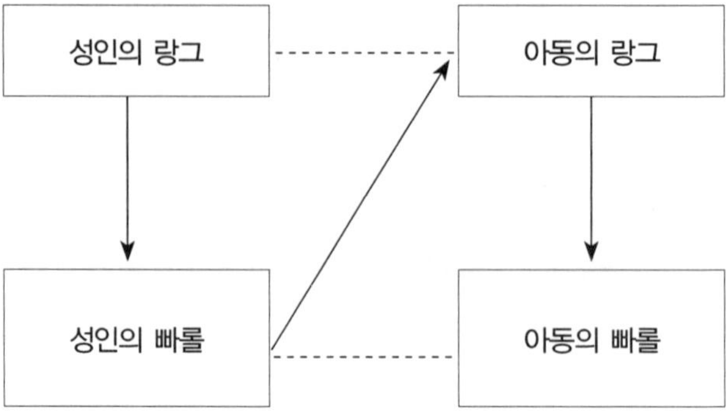

<그림 071> 안데르센의 세대간 언어 변화 모형에 대한 소쉬르적 이해도

문법'을 소쉬르의 '성인의 랑그'라 한다면, '성인의 빠롤'이란 안데르센에 따르면, 성인들이 자신의 문법에 따라 산출한 언어이다. 아동은 '성인의 랑그'를 직접 관찰할 수 없으므로 '성인의 빠롤'을 관찰하고, 이를 바탕으로 추론을 통해 '자신의 문법', 곧 '아동의 랑그'를 산출하게 된다. 이를 소쉬르의 랑그와 빠롤의 개념으로 설명하자면, 결국 성인은 '아동의 빠롤'을 관찰하면서 아동이 산출한 '아동의 문법', 곧 '아동의 랑그'를 추론할 수 있을 뿐이다. 뇌 속에 간직된 언어여서 랑그는 직접 관찰할 수가 없기 때문이다. 따라서 아동은 성인의 랑그를 모방하는 것이 아니라 성인의 빠롤을 모방하게 된다.

이때 성인의 빠롤이 어떤 국가의 언어이든 아동의 랑그와 빠롤도 그 국가의 언어로 장착되는데, 이에 언어획득장치란 이러한 개별국가에 맞는 매개변인을 통해 보편문법을 개별문법으로 전환함으로써 언어를 쉽게 습득하도록 도와주는 장치이다. 보편문법이 생득적으로 갖추어져 있지 않았다면, 어린이는 인지력이 미약하고, 지능 또한 천차만별일 터이므로, 이러한 개별언어를 짧은 기간 동안 일제히 습득한다는 것이 용이하지 않았을 것이다.

캐나다 출신의 미국인 인지과학자 핑커(Pinker, Steven, 2008)에 따르면, 사람은 영어나 중국어나 아파치어로 생각하는 것이 아니라 '사고의 언어(language of thought)'로 생각한다. 그 '사고의 언어'는 모든 자연언어들에 선행하는 메타언어(metalanguage)[27]이다. 핑커는 자연언어들로부터 독립적인 이 추상언어를 '멘털리즈(mentalese)'라 불렀다. 핑커의 이런 견해도 모든 자연언어가 심층구조에서는 동일한 문법을 지녔다는 촘스키 이후 언어학자들의 생각과 통한다. 이런 보편문법이나 '멘털리즈'를 상정하는 한, 지각의 근본적 범주와 인식작용은 인류에게 종 보편적이고, 따라서 자연언어들의 다양하고 변덕스러운 표면구조로부터 독립적일 수밖에 없다.

7.2. 음성의 부편성

인류의 발성기관과 발성방식은 대동소이하나, 지역적, 문화적으로 선택 발성하는 내용은 상이할 수 있다. 다만 모든 언어의 자음과 모음은 발음하는 장소와 방식, 혹은 장애가 일어나는 장소와 방식이 동일하다면 그 소리가 동일하다. 모든 인류와 모든 언어에게서 발음되는

---

27) 언어에 체계를 부여하는 기준이 되는 원칙으로서의 언어이다. 언어를 분석하기 위해 사용하는 언어, 곧 다른 언어에 관한 언어라고 볼 수 있다. 언어는 우주 속의 실제 자연이 아니라 해석의 체계여서, 어떤 도시에 대한 지도와 같다. 이에 지도를 그리자면 언제 어떻게 특정 언어 기호(단어)가 특정 외부 대상과 연관되는가를 결정해야 되는데, 이는 개인이 외부 세계를 파악하는 데에 동원하는 해석 체계에 준하게 된다. 따라서 모든 언어는 그에 대한 체계와 더불어 내재한다. 일반적으로 인간이 언어를 습득할 때는 함께 메타언어적 규칙도 습득하기 때문이다.

음성의 보편성은 아래와 같다.

1) 모든 언어는 자음과 모음을 가지고 있으며, 모든 단어 및 형태소는 이들을 단위로 하는 음소(자음과 모음)로 나뉘어진다.

2) 자음은 장애의 전후 장소와 터짐, 갈이, 스침, 울림 등 장애의 다양한 방법에서 구분된다.

* 모든 언어는 일부 유성자음 /m, n, ŋ/ 등을 독립적인 음절형태에서 가벼운 대답이나 감탄사로 사용할 수가 있으며, 기타 자음을 모음과 결합하여 각각의 음절로 사용하되, 그 방식은 해당 언어사회의 사회적, 문화적 요청에 따른다.

3) 모음은 공명이 일어나는 전후, 고저의 장소로 서로 구분된다. 기본 3모음 /a/는 저모음, /ɪ/와 /u/는 고모음의 전설모음과 후설모음이다.

* 기본 3모음 /a, ɪ, u/[28]이나 기본 5모음 /a, ɪ, u, e, o/은 모든 언어에 가장 널리 사용하는 모음이다. 기본 3모음은 모음3각도의 3개 꼭지점에 해당하는 음으로, 모든 언어는 대립적 차별성이 강한 모음들을 우선적으로 운용한다. 기타 모음들은 이들 사이의 중간음을 적절히 활용한다. 만약 저모음 /a/가 없다면 중저모음 /ɛ, æ, ɔ, ʌ/ 등이 이를 대신한다. 단모음으로서는 일본어는 기본모음에 /ɨ/를 포함하여 6개, 중국어는 기본모음에 /ɛ, æ, y, ʊ/를 포함하여 9개, 한국어는 기본모음 포함 10개, 영어는 기본모음에 /ɪ(bid), ɛ(bed), æ(back), ɑ(box),

28) /a/의 '/ /'표는 이것이 '음소기호'임을 표시한다.

ɔ(cloth), ʊ(good), ʌ(but), ɜ(bird), ə(comma)/ 등 포함 최소 14개 이상의 음소를 사용한다.

4) 모든 언어는 대개 30개 남짓의 자음과 모음을 가지며, 50개 이하의 음소로 이루어진다.

* 한국어는 24개의 자모음을 지니며, 영어는 26개의 알파벳으로 48개의 음소를 발음할 수 있다. 이에 같은 자모음의 문자가 서로 다른 음소로 발음될 수 있어 자모음과 음소가 1:1 대응하지 않을 수도 있다. 한국어 'ㄹ'은 영어의 'l'과 'r'로 발음될 수가 있고, 영어의 'a'는 /e(pair), ə(comma), æ(back), a(archangelic), ɑ(car)/ 등 다양한 발음이 가능하다.

5) 복모음과 유성자음들이 함께 어울려 쓰일 때도 해당하는 고유언어의 사용자는 천부적으로 이들의 음절을 구분할 수가 있다.

* 다만, 이를 과학적이고, 객관적으로 음절을 구분할 때는 야스페르슨의 음향도를 활용할 수가 있다.

7.3. 형태의 보편성

형태론은 통사론 및 음운론과 같은 문법의 다른 영역들과의 상호작용으로 그 변화가 다양할 뿐만 아니라 언어의 심리적, 문화적, 사회적 다양성이 가장 활발하게 구현되므로 그 과정이나 개념, 혹은 단어의 내적 복합성의 변수를 규칙화하기가 어렵다. 특히, 영미어의 형태는 곧잘 한국어의 어절과도 동일시되기도 하는데, 이런 경계의 모호함 역시 이런 변수의 차이에서 야기한다. 단어를 활용한 결과 통사론적인 과정으로 획득한 관계 개념으로서의 새로운 문법적 의미를 얻기도 하고, 혹은 그 결과 획득되는 내적인 형태적 파생 개념을 표현하는 의미론적 개념으로 새로운 단어가 되기도 하기 때문이다.

굴절어로서 영어의 경우에는 하나의 과정인 접미사 '-s'는 복수성[friends], 3인칭 현재성[has], 소유성[its] 등의 여러 개념을 나타낼 수가 있는데, 오히려 하나의 개념으로서 '복수'의 'friends'는 어휘부(사전)에서 따로 다루지 않지만, 어떤 때는 '고립어적 현상'으로서의 단, 복수 동형(deer[deer], sheep[sheep])이나, 음운론적인 내적 조정(children[child], mice[mouse])의 과정으로도 구현되거나, 항상 복수(glasses: 안경)의 과정으로만 구현됨으로써, 그 획득된 문법적 개념을 통해 다시 어휘부(사전)에 다루기도 한다.

통사적 기능 상 똑같은 '3인칭 단수 현재'이면서, 'is'와 같은 형태론적 규칙은 어휘 항목의 필수적인 부분으로 어휘부에 다루나, 'likes'(3인칭 단수)와 같은 관계 개념은 주로 통사부에 관련되므로 문법적 패턴의 일부로 여겨져 어휘부에 다루지 않는다. 형태적 파생 개념을 표현하는 의미론적 개념은 어휘부(사전)에 해당하는 한편, 관계 개념을 배분하고 표현하는 통사론적 과정은 통사론(문법)에 해당하는 측면이 모두 이와 같다.

다만 여기서는 모든 언어의 형태론적 다양성을 인정하고 이들을 모두 아우를 수 있는 한도에서 그 보편성을 살펴보면 아래와 같다.

1) 모든 언어에서 단어는 명사, 동사, 형용사, 부사 등의 보편적인

품사적 기능이나 의의로 이들을 분류할 수가 있다.

* 이때 굴절어의 전치사는 교착어의 경우 조사(후치사)로 대치가 되는 등 형태론적 특성에 따라 크게 구별되는 인식 상의 차이가 발생할 수가 있으며, 대개는 통사론에까지 영향을 미친다. 예컨대 한국어의 "그것과"는 영어의 "with it"에 해당하고 "너에게"는 "to you"에 해당한다. 이에 한국어의 '과', '에게'는 조사이며 후치사인데 반하여 영어의 'with', 'to'는 전치사여서 품사별 대응을 고려할 수 있는 것도 모든 언어가 보편적으로 품사 기능의 특성을 지니기 때문이다.

2) 모든 언어는 형태론적으로 크게 '굴절어', '교착어', '고립어'로 3분되며, 이들 각각은 고유한 형태의 단어 구성 방식을 가지며 이는 곧 통사론과 결부된다. 교착어는 일반적으로 조사나 어미를 교착시켜 단어를 활용하며, 굴절어는 단어 자신이 통사적으로 형태변화를 하며, 고립어는 굴절하지도 교착하지도 않으므로 단어가 통사적으로 고립되어 있다.

분류 \ 종류	한국어 (교착어)	영어 (굴절어)	중국어 (고립어)
기본형	그	he	他
쓰임(목적어)	그(를)	hi(m)	他
성(여성)	그(녀)	(s) he	他
수(복수)	그(들)	(t) he(m)	他
격(소유격)	그(의)	hi(s)	他
시제(과거)	그(였다)	(It was) hi(m)	他

〈표 071〉

* 형태론적으로 구분되는 이들 3대 언어 유형이 저마다 통사적인 쓰임과, 격이나 시제, 성이나 수를 나타내는 방법의 차이를 단순 비교해보면 〈표 071〉과 같다.

〈표 071〉에서 보듯이, 고립어(중국어)는 문장 속의 환경이 바뀌어도 단어의 형태가 변하지 않는다. 형태변화나 조사가 없다면 문장 속에서의 쓰임을 구분할 방법이 없으므로, 어순에 유독 강하게 의지하게 된다.

위의 예에서 굴절어인 영어는 'he'가 형태변화한 결과 'him', 'she', 'them' 'his' 같은 새로운 단어들이 생성되는 과정을 보여준다. 마지막에서는 'he'가 대명사여서, 동사가 담당하는 시제변화의 기능이 없으므로, 시제를 나타내기 위하여 다른 동사(was)를 빌어 통사적으로 이를 처리하는 모습을 보여준다.

고립어인 중국어는 통사적인 쓰임이나 성, 수, 격, 시제와 무관하게 기본형이 쓰여지는 모습을 보여준다. '그녀'의 경우 '她'라는 새로운 단어를 쓸 수도 있으나, 이는 1921년 시인 류반농(劉半農)이 처음 이 글자를 시에 쓰기 시작한 이후의 일로, 그 이전에는 물론이고 지금도 여전히 기본형을 쓸 수 있다.

교착어인 한국어는 '그를', '그의', '그였다'에서는 '조사'로서 '를', '의', '였다'라는 다른 단어가 교착한 것이며, '그들'에서는 접미사 '들'이 교착한 것이며, 그리고 '그녀'에서는 명사 '녀'가 '그'와의 합성사를 이룬 것이다. 그 결과 한 '어절' 안에 단어가 복합적으로 포함되는데, 이는 형태론과 통사론이 접합하는 현상이다. 다만 이 또한 천부적으로 파악하는 고유 언어의 사용자의 능력을 획득하기 위하여 제2언어의 학습자는 '구구조' 범주의 일환으로 '순수성'에 입각하여 몰입하고 강화함으로써 모국어 학습의 천부적인 재능을 수용하는 태도가 필요하다.

7.4. 구조의 보편성

1) 귀환성

문장을 구성함에 있어서 같은 성분이 반복적, 순환적으로 나타나며 무한히 새롭게, 길게, 다르게 말할 수가 있는 성질을 귀환성이라고 한다. 언어의 창조성을 보여 주는 원리 중의 하나이다.

예1) 동생, 친구
> 동생 친구, 친구 동생
> 친구 동생 친구, 동생 친구 친구, 동생 친구 동생
예2) 비가 오느냐
> 비가 오느냐고 물었다
> 철수가 비가 오느냐고 물었다
> 영이는 철수가 비가 오느냐고 물었다고 알려주었다

2) 층차성

단어와 구는 문장 속의 일정한 위치(층차)에서 일정한 작용(관계)을 지니며, 이 층차관계에서의 역할을 성분이라 한다. 구조주의에 따르면, 외형상 상대적인 2개 성분들이 기본적으로 아래와 같은 4종류의

직접적, 층차적인 관계를 맺는다.(구구조와 어휘구조의 층차)

예) 어휘구조: 비가 + 오느냐

구구조: 비가 오느냐고 + 물었다

* 위에서 '비가 오느냐'는 어휘 구조의 문장이다. 자신이 표층 층차이다. '비가', '오느냐'라는 어휘적 성분으로 이루어진 문장이다. 그러나 '비가 오느냐고 물었다'는 문장에서 '비가 오느냐'는 더 큰 문장에서의 '구구조' 성분을 이룬 것이다. 즉 더 큰 문장에서 분절되어 얻은 심층 층차이다.

3) 중의성

표층구조 하나가 두 개의 심층구조를 가지기 때문이다.

예1) 친척은(이/을) 방문하는 것이 위험할 수 있다.

a. 친척을 방문하는 것이 위험할 수 있다.

* '친척은'의 '은'이 목적격조사(을)인 경우이다.

b. 친척이 방문하는 것이 위험할 수 있다.

* '친척은'의 '은'이 주격조사(이)인 경우이다.

예2) Visiting Relatives can be dangerous.

a. Who are visiting Relatives can be dangerous.

* 'Visiting Relatives'가 '동명사(술어 + 목적어: 친척을 방문하는

것)'의 구구조이다.

b. Relatives are visiting can be dangerous.

* 'Visiting Relatives'가 '현재분사(관형어 + 중심어: 방문하는 친척)'의 구구조이다.

7.5. 어순의 보편성

앞서서, 중국어는 문장 속의 환경이 바뀌어도 단어의 형태는 변하지 않는다고 하였다. 단어에 형태변화나 조사가 없다면 문장 속에서의 쓰임을 구분할 방법이 없으므로, 어순에 유독 강하게 의지하게 되며, 따라서 중국어는 그 구조가 영어나 국어처럼 복잡해질 수가 없다고 하였다. 형태론은 통사론 및 음운론과 같은 문법의 다른 영역들과의 상호 작용으로 그 변화가 다양하다고 말한 것이 바로 이 때문이다.

결과 중국어의 구조는, 첫째, 술어를 중심으로 앞은 언제나 주어이며 뒤는 언제나 목적어이다. 못다 말한 정보가 있다면, 다시 새로운 술어를 사용하며, 이들 복수 술어를 오로지 사건발생의 시간순서에 따라 나열할 뿐이다. 둘째, 수식하는 말은 반드시 수식 받는 말의 앞에만 놓인다. 이 순서를 어기지 않는다. 어기면 문장 속의 역할이 애매해지기 때문이다. 요컨대 고립어이므로, 중국어는 문장 구조가 지극히 간단하다는 것이다. 중국어의 어순을 우리는 'SVO', 즉 '주어 + 술어 + 목적어'형 구조라고 말한다. 그런데 영어의 어순도 역시 'SVO'형 구조이다. 즉 'SVO'형 구조는 영어와 중국어의 보편적 문장구조라고 말할 수가 있다.

그린버그(Greenberg: 1978) 역시 언어의 보편성을 믿는다. 다만 그가 제시하는 보편성은 촘스키의 보편문법에서 말하는 보편성과는 성격이 다르다. 그리버그는 자신이 제시한 언어의 보편성들이 대부분 함의적(implicational)인 것이라고 밝혔다. 함의적 보편성이란 "어떤 언어에서 자질 x가 나타난다면, 자질 y도 항상 나타난다."는 형식으로 표현될 수 있는 보편성이다. 즉, 자질 x가 자질 y를 함의하는 관계에 대한 원리라고 할 수 있다. 그의 보편성은 이런 함의관계를 나타내는 데에 중점을 두고 있다. 이는 절대적(absolute) 보편성과 구분되는 것이다. 만약 "모든 언어는 SVO 어순을 갖는다."고 할 수 있다면 이는 절대적 보편성을 나타낸 것이다. 그러나 "어순이 SOV인 언어들은 항상 후치사 대신 전치사를 가진다."고 한다면 이는 함의적 보편성에 포함된 것이다.

이에 여기서는 몇 가지 절대적인 보편성만을 들어 어순의 보편성을 설명한다면 기본적으로 다음의 6가지를 제시할 수가 있다.

1) 모든 언어는 평서문과 이에 대한 부정문과 의문문을 표현하는 일관된 방법을 가지고 있다.

2) 모든 언어는 문장의 중심성분으로서 S, V, O를 함께 가진다.

한국어: 나는(S) 밥을(O) 먹는다(V)

중국어: Wo我(S) chi吃(V) fan飯(O)

영어: I(S) eat(V) a meal(O)

* 전세계에는 7천 개 정도의 언어가 있고 가장 많이 사용되는 언어는 중국어, 스페인어, 영어, 아랍어, 힌디어, 포르투갈어 등의 어순이

다. 가장 많은 언어가 사용되는 나라는 파푸아뉴기니인데 거의 840개의 언어가 있다. 이들 언어들은 문장의 중심성분으로서 모두 S, V, O를 함께 가진다. 논리적으로 가능한 어순 SVO, SOV, VSO, VOS, OSV, OVS의 6개의 유형 중에서 그린버그에 따르면, O가 S에 앞서는 경우는 드물고 가장 보편적인 유형은 SVO, SOV, VSO인데, 이들을 소개하면 대개 아래와 같다.(이용권: 112)

SVO: 영어, 프랑스어, 중국어 등(43%)
SOV: 한국어, 일본어, 터키어, 힌두어 등(23%)
VSO: 아일랜드어, 아랍어 등(20%)

3) 모든 언어는 문장의 부가성분으로서 수식어(형용어, 부사어)를 가진다. 형용어를 예로 들어 살펴보면 아래와 같다.

한국어: 내(형용어) 집(중심어)
중국어: wo我(형용어) jia家(중심어)
영어: my(형용어) home(중심어)

4) 모든 언어는 현실세계의 긴밀성에 의해 '직접 관계하는(이어서 말하는)' 해당 언어의 고유 어순을 결정한다.

한국어: 내 밥, 네 국
중국어: wo我 fan飯 ni你 tang湯
영어: My meal, your soup

* 한국어는 '내, 밥, 네, 국'이 서로 연이어져 있어도, 나와 '밥'은 앞

의 '내'와 직접 관계하고(이어서 말하고), '네'는 뒤의 '국'과 직접 관계하는(이어서 말하는) 줄을 천부적으로 알므로, '내 밥' + '네 국'의 어순임을 인식하며, 이는 중국어에서도 'wo我, fan飯, ni你, tang湯'이 연이어져 있어도 'fan飯'은 앞의 'wo我'와 직접 관계하고(이어서 말하고), 'ni你'는 뒤의 'tang湯'과 직접 관계하는(이어서 말하는) 줄을 천부적으로 알므로, 'wo我 fan飯' + 'ni你 tang湯'의 어순임을 인식하며, 영어에서도 'My, meal, your, soup'이 연이어져 있어도, 'meal'은 앞의 'My'와 직접 관계하고(이어서 말하고), 'your'는 뒤의 'soup'와 직접 관계하는(이어서 말하는) 줄을 천부적으로 알므로, 'My meal' + 'your soup'의 어순임을 인식한다.

5) 모든 언어는 현실세계의 자연스런 발생순서나 관심도(중심+초점)에 의해 해당 언어의 고유 어순을 결정한다. 관심도는 '중심+초점'으로 관심의 차이나 정도를 나누어볼 수가 있다. 이는 '중심'에서 '초점'으로 관심도가 이동하고 있음을 나타낸다. 이때 '중심'이란 '현재 이전의 기존 인식과정' 상의 '중심'성을 가리키며, '초점'이란 '현재 이후 새로 발생하는 상황의 전개과정' 상의 '초점'성을 일컬은 것이므로, 역시 인식상의 발생순서로서 현실의 발생순서와 맥락을 같이한다.

(1) 발생순서

한국어: 먹고(선) 가라(후)

중국어: Chi吃 le了(선) zou走(후)

영어: Eat this(선) and go home(후)

* 과거-현재, 혹은 현재-미래의 발생순서의 선후가 뒤집히는 화법도

화용적으로 있을 수 있다. 발생순서가 거꾸로 연결되는 경우는 대개 '의식의 흐름'을 따른 것이며, 소설의 전개 기법으로 사용되는 '의식의 흐름'과는 그 맥락이 같다. 현장에서 벌어지는 사건이 아니라 이미 과거에 발생했던 사건에 대해서는 때로 현재와의 연속성을 강조하기 위해서 과거-현재의 발생순서를 뒤집을 경우도 있다. 좀 부자연스러운 느낌만 감수하면 현실과의 연관성을 효과적으로 풀어낼 수 있기 때문이다. 천부적인 언어 이해방식 상, 덜 자연스러울 수 있으므로 주의가 필요하나, 화용적으로 효과적일 수도 있다. "먹고 가라"고 말하는 대신 "가, 먹고"라고 말하는 식인데, 이때는 현재-미래의 어순이 미래-현재의 어순으로 뒤집힌 것이다. 이 역시 천부적인 언어 이해방식 상, 시간의 흐름이 뒤집히고 있음을 해당 언어의 고유 언어 사용자는 이해할 수가 있다.

(2) 관심도

한국어: 나와(중심) 너(초점)

중국어: wo我(중심) he和 ni你(초점)

영어: I(초점) and you(상대)

* 만약 어순이 뒤집혀져서, '너와 나'라거나, 'ni你 he和 wo我'라거나, 'you and I'라고 한다면, 천부적인 언어 이해방식 상, 덜 자연스럽거나, 특별히 화자에게서 상대가 배려되고 있음을 청자는 느낄 수가 있다. 여기서 한국어는 심층적으로 '나 + 와'가 긴밀성을 지니는데 반해 중국어나 영어에서는 심층적으로 'he和 + ni你'와 'and + you'가 긴밀성을 지닌다.

이를테면 중심성분이 SOV의 어순을 갖는 한국어등은 '나' 뒤의 '와' 같은 '후치사(조사)'를 사용하며, 중심성분이 SVO인 중국어와 영어는 '전치사'를 사용하는 언어인 점은 앞절 '통사의 보편성'에서 언급한 바와 같다.

이러한 긴밀성관계의 섬세한 어순은 외국어 학습 상 주의하지 않을 수 없으며, 따라서, 한국어를 공부할 때는 '나'를 따로 학습하기 보다는 '나와'라는 구, 혹은 어절을 중심으로, 중국어를 공부할 때는 'he和 ni你'라는 구를 중심으로, 영어를 학습할 때는 'and you'라는 구를 중심으로 한, 구 중심의 학습이 해당 언어의 고유한 기본어순을 습관화하는 데 핵심적인 역할을 할 것임을 알 수가 있다.

6) 모든 언어 사용자는 이상 다양한 어순이 복합된 해당 언어의 고유 어순을 파악하는 능력을 천부적으로 획득한다.

한국어: 그 + 사람이 + 온다(4단어, 3어절)

중국어: Na那 + ge個 + ren人 + lai來 + le了(5단어)

영어: The + man + comes(3단어)

* 한국어의 위 예에서 한국어의 고유언어 사용자는 '그 + 사람'을 허용하고 또한 '사람이 + 온다'도 허용하되, '사람'은 심층적으로 '그 + 사람'이 먼저 허용되어야 차후에 '온다'가 허용되는 줄을 천부적으로 이해한다. 그 결과 '그' + '사람이 온다'가 아니라 '그 사람이' + '온다'의 형태여야 적격한 문장임도 천부적으로 이해한다.

* 중국어의 위 예에서 중국어의 고유언어 사용자는 'Na那 ge個 +

ren人'을 허용하고 또한 'ren人 + lai來 le了'도 허용하되, 'ren人'은 심층적으로 'Na那 ge個 + ren人'이 먼저 허용되어야 차후에 'lai來 le了'가 허용되는 줄을 천부적으로 이해한다. 그 결과 'Na那 ge個' + 'ren人 lai來 le了'가 아니라 'Na那 ge個 ren人' + 'lai來 le了'의 형태여야 적격한 문장임도 천부적으로 이해한다.

* 영어의 위 예에서 영어의 고유언어 사용자는 'The + man'을 허용하고 또한 'man + comes'도 허용하되, 'man'은 심층적으로 'The + man'이 먼저 허용되어야 차후에 'comes'가 허용되는 줄을 천부적으로 이해한다. 그 결과 'The' + 'man comes'가 아니라 'The man' + 'comes'의 형태여야 적격한 문장임도 천부적으로 이해한다.

* 그러나, 언어의 보편성이 선천적인 경향에서 유래된다는 결론으로만 끝내서는 별 도움이 되질 못한다. 선천적이라거나 완성되어 있다거나 하는 설명은 그 행위의 구체적인 기원을 분석해 보려는 욕구를 좌절시킨다.

변형생성 문법 학자들은 언어 보편소를 실재적인 것과 형식적인 것으로 분류한다. 실체 보편소(substantive universal)는 언어의 실체 자료를 나타낸 '기본 3모음'이니 '명사'니 하는 것들이며, 언어의 실체 자료가 다양성을 띠게 된 원인을 밝힌 추상적인 보편소, 즉 '구구조'니 '어순'이니 하는 것들이 형식 보편소(formal universal)이다. 이에 형식 보편소는 다양화한 모든 언어에 적용될 수 있고 언어가 어떻게 작용하는지를 통찰하게 해주는 구성물이다. 같은 듯 다양화한 언어 보편성은 '생득적 성향'의 개념이 제시하는 것처럼 신비로운 것이 아닐 수도 있다.

언어는 보편적이라는 실증을 아기의 언어에서 찾을 수 있다. 어떤 언어를 배우든지 성인의 빠롤을 배운 아기의 빠롤은 몸짓부터 조음이나 발성까지 언어권의 구분 없이 똑같다. 성인은 오히려 이를 흉내 내기조차 어렵다. 즉 세대에 걸쳐 언어는 변화하나, 언어 다양성의 시발점은 이처럼 놀라울 만큼 단순했던 언어 보편성에 있을 것이다. 실체 언어를 벗어나 심리적, 사회적, 문화적인 측면에서 언어를 새롭게 고찰해볼 필요가 이 때문에 생긴다.

8. 언어와 사고

사고(思考: Thinking)는 뇌의 가장 중요한 기능의 하나이다. 뇌는 언어를 관장하기도 한다. 즉 언어와 사고는 동일한 뇌의 기능에 속한다. 이에 우리는 뇌 속에서 언어와 사고는 서로 어떤 맥락으로 공존할 수 있는지 궁금해진다. 인간의 두뇌는 언어 없이 사고할 수 있을까? 이는 동물도 사고할 수 있을까하는 의문과도 맥락을 같이 한다. 동물은 언어가 없기 때문이다.

이 장에서는 언어의 본질적 속성과 관련한 몇 가지 문제들을 살펴본다. 아래는 그 주요한 두 가지 문제들이다. 첫 번째는 언어는 인간의 사고와 어떤 관계에 있으며 사고에 어떤 영향을 미치는가 하는 점이다. 동물은 인간에 비하여 현저히 낮은 수준의 지능을 가졌다. 비록 영리할지라도 동물들은 인간에게서처럼 과거를 기억하거나 미래를 상상한다는 것은 불가능하다. 이에 두 번째는 동물과 인간은 사고 능력에서 어떤 차이가 있는 하는 점이다.

8.1. 인간의 사고

사고란 인간 정신[29]의 작용이며, 정신이란 사고의 실체이다. 때로

29) 정신은 사전적으로는 '사물을 느끼고 생각하며 판단하는 능력이나 그런 작용'이다. '육체나 물질에 대립되는 영혼이나 마음'으로도 여긴다. 이성적인 능력의

는 사고 자체를 실체로 여기기도 하니 이때의 사고란 곧 정신의 다른 말이다. 사유, 혹은 정신이란 사물을 느끼고 생각하며 판단한다는 점에서 주관적 실체이며, 실존하는 곳은 뇌이며. 그 기능은 세계와 나를 연결시켜주는 역할에 있다. 정신이 만약 사고이면서 한편 영혼(비사고적인 측면)이기도 하다면, 사고 또한 '정신의 작용'이므로, 사유이면서 한편 비사유이기도 한 속성을 지니고 있을 것임이 마땅하다. 언어가 사고의 매개체인 한, 사고란 언어화한 사유를 지칭한다. 이에 언어화한 사고를 '이성'이라고 부르는 한편, 구분이 필요할 때, 비언어화한 사유는 전통적으로 '오성(understanding)'이라 일컬어져 왔다. 언어가 습득되기 이전에게도 인간의 사고는 있어, 이것이 주로 오성적 사고에 해당하기 때문이다. 오성적 사고란 그 저급한 단계를 고등의 동물도 향유할 수가 있다. 동물에게도 사고가 있다느니, 혹은 영혼이 있다느니 하는 까닭은 바로 이 저급한 단계의 오성을 동물이 향유할 수가 있음을 일컫는 것이다. 이러한 측면에서 사고란 본질적으로 '주관성'을 띄며 동시에 '지향성'을 지닌다.

1) 사고란 본질적으로 주관성을 띈다. 다만 뇌 속에 폐쇄된 것은 아니며, 오히려 사고의 1차적 역할은 환경(타인, 세계)과 나를 관계 맺어주는 기능에 있다.

2) 이러한 정신, 곧 사고의 작동방식이 '지향성'이다. 버클리 대학의

비물질적 실체를 가리키는 말이다. 동물도 느끼고 판단할 수는 있으나, 생각할 수 있는지는 의문이다. 생각한다는 것이 '이성적인 능력'인 한, 동물에게는 정신이 없으며, 따라서 사고도 없다.

존 설(John R. Searle, 2000)에 따르면 '자신과 세계를 향한 이 지향성'이야말로 인간이 언어를 통하여 사회화를 이룩하게 해주는 원동력이다. 인간은 언어를 습득할수록 바로 이 정신의 작동방식으로서 지향성의 가능성을 엄청나게 확대시킴으로써, 성인의 온전한 사고, 혹은 정신능력을 확보하게 되고, 마침내 새로운 아이디어의 놀라운 발명과 착상에까지 가능성이 확대된다.

아직 언어를 배우지 못한 어린아이에게는 비언어적인 형태의 욕구, 믿음, 지각, 의도 등의 형태로, 원시적이고 충동적인 형태의 지향성이 있을 것으로 여겨진다. 하지만 일단 어린아이가 언어를 습득하기 시작하면 어린아이의 지향성 능력은 엄청나게 증대된다. 서로가 서로를 이끌어내는 일종의 상승효과에 의해 증대된 지향성은 다시 언어의 이해를 증대시키고, 이는 다시 지향성에서의 급속한 발전을 초래한다. 사실상 고차원의 사고와 함께 언어는 거의 동시적으로 존재하고 있는데, 사고와 언어는 서로를 풍요롭게 해주면서 성인에게서, 마침내 사고가 언어적으로 구조화되기 때문이다.

비록 고등 동물이라 할지라도 그 지능에서 동물은 인간의 이성에까지 미치지 못한다. 동물의 영리함은 이성이 아닌 오성(悟性: understanding)[30]에서 나오는 것일 뿐이다. 오성은 원인과 결과를 인지하

30) 칸트에 따르면, 감성, 이성과 구별되는 인식능력이다. 오성은 실재를 파악하는 능력이지만, 칸트는 오성과 이성을 엄격히 구분했다. 오성은 주관이 선천적인 형식, 즉 범주(category)의 도움으로 감성의 대상을 사유하는 능력이다. 그에 반해 이성은 우주, 영혼, 신 등 초경험적 대상을 사유하는 능력이다. 칸트에 따르

는 능력이다. 인과관계는 종의 생존과 번성에 획기적인 기여를 하게 되는 원칙이나, 원초적으로 이는 경험이나 본능을 통해서 습관적으로 얻어지는 일종의 법칙으로, 이성과 같이 능동적인 것은 아니다.

능동적이지 않다는 것은 천부성을 말한 것이다. 불교에서는 오성이 뛰어난 당나라의 혜능대사를 든다. 혜능대사는 선종의 6대 조사(祖師: 총대교주)이나 글자를 읽을 줄 몰랐다. 혜능대사가 글을 못 읽자 5대 조사 홍인대사가 천으로 가려놓고 남몰래 5천 자 『금강경』을 가르치는데, 1천 자를 읽자 다 깨우쳤다. 법달선사가 8만 자 『법화경』을 10년을 매일같이 종일토록 읽었다. 혜능대사가 무엇을 배웠느냐고 묻자 조리 있게 답을 못 하고 거꾸로 혜능대사에게 무엇을 가르치는 것이냐고 물었다. 혜능대사가 나는 글을 못 읽으니 네가 10년을 읽은 경을 한번 읽어보라고 시켰다. 법달선사가 모두 28품인 『법화경』의 제1품을 다 읽자 멈추게 하고 혜능대사가 『법화경』을 가르쳤다. 법달선사가 그제서 깨우치고 머리가 땅에 닿도록 절하였다. 혜능의 오성이 뛰어난 까닭은 그가 마음이 맑았기 때문이라고 한다. 그래서 망상이 없

면 오성은 객관적이고 보편타당한 진리를 낳지만 이성은 오류를 낳는다. 국어사전에서는 오성을 '사물을 이해하는 힘'이라 풀었다. 다만 '오성으로만 포착, 사유할 수 있는 세계'가 있는데, 이것이 오성계, 곧 예지계(叡智界)이다. 예지란 '마음이 썩 밝고 생각이 지혜롭다'는 뜻이다. 어둡지 않다는 뜻이니 세상의 사물을 이해할 수 있다는 뜻이요, 따로 배우지 않아도 지혜롭다는 뜻이다. 존 로크는 『인간오성론』에서 백지상태의 원리를 들어 우리가 머릿속에 생각을 갖고 태어나는 것이 아니라고 주장했다. 정신은 비어 있는 상태로 태어나고 지식은 경험에서 온다는 것이다. 이때 존 로크의 정신이란 '이성'과 '감성'에 가까운 것이며, '예지'로서의 오성이란 '이성'과 '감성'을 비운 상태의 '정신' 자체, 곧 천부의 정신을 지칭한 것이다. 결국 '경험에서 우러난 지식'을 제거한 상태가 곧 존 로크의 오성이니, 인간의 이성 이전의 천부적 사고로서의 오성이란 곧 언어 이전의 사고이자 본성적, 본능적 사고이다.

고 잡념이 없고 집착이 없었기 때문이라는 것이다. 이에 선종은 '문득 깨달음(頓悟)'을 추구한다. 다만 오성이 뛰어나지 못한 사람들을 위하여 '천천히 깊이 깨달음(漸悟)'도 여전히 중시한다. 모두 오성의 기능을 높인 것이다.

인간의 사고는 대개 의식적 사고로서의 감성이나 이성과 무의식적 사고로서의 오성으로 구분될 수 있다. 이에 오성은 무오류적이며 직관적인 사고로서 인간처럼 고도로 발달하지는 않았지만, 순간적인 상황의 원인과 결과를 이해할 수 있다는 점에서 개나 말 같은 고등의 동물들도 이러한 비이성적인 사고 능력은 두루 지닐 수 있는 것으로 보인다. 이성과 감정은 대뇌피질의 기억력에 크게 의존하는 데 반하여 오성은 기억력에 그다지 근거하지 않으므로, 우뇌나 대뇌번연계 같은 포유류뇌에 근간을 둔 것인지도 모른다. 원숭이처럼 집단생활을 하는 포유류에게서 특히 발달하여 사회체계 내의 잠재적인 적과 우리편, 그리고 경쟁자를 구별하는 능력을 담당하는 곳이기 때문이다. 개나 말은 흔히 사람들처럼 생각할 수 있는 것이 아닐까하는 의문을 낳게 하기도 하는데 이는 동물의 오성적 사유능력에 말미암은 능력이나, 비교적 고등 동물이어서 인간의 오성에 보다 근접한 점에서 더욱 그런 인상을 주기 때문일 것이다.

영리한 행동을 하는 동물은 있어도 창조적인 행동을 하는 동물이 없는 것도 이 때문이다. 따라서 서커스에서 코끼리가 코로 붓을 집어 그림을 그리더라도 이는 창조적 행위가 아니다. 단지 훈련으로 길들여진 데 불과이다. 길들여지지 않은 코끼리도 오성을 통해 자연에서 얻은 자연스러운 지혜가 있다. 자신의 몸무게를 지탱하지 못할 것 같이 보이는 징검다리는 건너지 않고 돌아가는 것이 그렇다.

이성이 없으면 기억이 있어도 귀납화할 수 없다. 개는 오성적으로 판단하는 것이다. 개가 주인을 찾는 것은 그리움 때문이 아니라 습관적인 관계 때문이다. 산책을 나가기 위하여 주인이 목줄을 내밀면 신이 나는 것도 같은 현상이고, 도둑이 던져주던 먹이를 받아먹느라 도둑을 지키지 못하는 것도 같은 현상이다. 습관이란 아직 귀납화하지 않은 기억이다. 이 귀납화의 능력이야 말로 이성의 능력이기 때문이다.

인간은 이성과 오성을 모두 가지고 있다. 개인에게서도 이성의 능력처럼 오성의 능력에서도 차이가 난다면, 이는 아마 진화학적으로 오성의 능력이 신장하던 끝에 이성을 갖추면서 인간이 되었기 때문일 것이다. 오성이 발달한 코끼리나 개는 고등 동물에 속한다. 반면에 매우 낮은 수준의 지능을 가진 동물이나 어류, 곤충류는 오성조차 빈약하다. 이들은 오로지 본능에 의지하여서만 생존해왔을 것이다. 〈그림 081〉은 '이성, 감성과 맺는 오성의 관계 개념도'이다. 요트가 인간이라면 오성은 무의식과 함께 평소에 인식되지 않으나, 요트가 존재하는 근원적인 요소로서의 돛대에 해당한다. 이성과 감성은 오성으로부터 의식의 세계로 나타나 앞(지브세일), 뒤(메인세일)로 펼쳐진 돛과 같음을 나타낸 것이다. 요트가 제대로 나아가게 하는 가시적인 원인이기

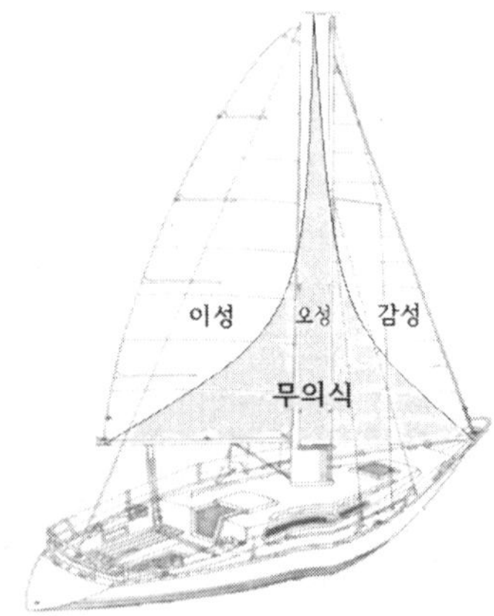

<그림 081> 이성, 감성과 맺는 오성의 관계 개념도

때문이다.

낮은 수준의 이성은 '야만'이 되고, 낮은 수준의 오성은 '우매'가 된다. 높은 수준의 지능을 가진 인간도 야만적이고 우매한 행동을 할 수 있다. 진화학적으로 퇴보하는 까닭은 악습의 멍에[31]에 짓눌려 타고난 재능을 제대로 사용하지 못했기 때문일 것이다. 코끼리와는 다르게 이들은 자주 불행을 느껴야 했을 것이다. 그래서 우리는 '자유로운 정신'을 숭상한다. 높은 오성을 소유한 이들이 비로소 진정한 행복을 찾을 수 있는 까닭이 이 때문이다.

촘스키는 모국어를 습득한 아동의 '언어획득장치(LAD)'에는 "오랜 진화의 과정을 거쳐온 인간 뇌의 신경조직의 특성에 기초를 둔다"는 생득적 구조가 포함되어 있을 것이라고 믿는다. 첫째, 복잡한 구조의 언어를, 둘째, 아동은 유소년기의 단기간 중에, 셋째, 질이 나쁜 제약된 자료에 의해서도 예외 없이 배우며, 넷째 이에 획득되어진 문법은 동일 언어 사회에서는 모두가 동일하다는 점에 착안한 것이다. 이에 우리는, 만약 그런 것이 있다면 이는 촘스키에게서처럼 인간에게만 특별한 것이라기보다는, 모든 생명체가 지닌 자연 상태의 문제해결 능력으로서, 고등동물에게서는 감각에 의존하여 판단하는 '이해력'으로서 공유되는바, 인간의 이성적인 사고 능력과 대별되는, 본성적인 또하나의 사고로서 오성에 해당한다고 생각하는 것이 타당할 것이다.

---

31) 우리를 노예로 얽매는 몇 가지 악습들을 가리킨다. 고통과 번뇌, 두려움과 외로움 같은 욕망들이다. "우리를 자유케 하려고 자유를 주셨으니, 그러므로 굳세게 서서 다시는 종의 멍에를 메지 말라.(갈라디아서 5:1)"는 교훈이 이것이다.

8.2. 오성적 사고

'오성'은 원인과 결과를 인지하는 능력이다. 칸트에 따르면, 선천적인 형식, 즉 범주(category)의 도움으로 감성의 대상을 사유하는 능력이다. 하버드 대학의 인지심리학 교수 핑커(Pinker, Steven)가 자연언어 이전의 추상언어로서의 '사고의 언어(language of thought)', 곧 자연언어들에 선행하는 메타언어(metalanguage)를 두고 혹은 '멘털리즈(mentalese: 선행언어)'라고 불렀던 것이 바로 이것이다. 이들은 모두 선천적인 능력의 언어로 여겨지고 있으나, 한결같게도 자연언어들로부터 독립되어 있다는 점에서, 오성이 곧 비언어적인 사고임과 맥락을 같이 하고 있다. 이성적 동물 인간에게서 오성은 어떻게 이성과 공존하는 방식을 찾는가? 여기서는 인식의 한 양상으로서 오성이 지닌 특색을 좀 더 이해하기 위하여 오성적 사고, 곧 이성적 사고 이전의 인식의 양상을 살펴보기로 한다.

1) 게슈탈트 이론

게슈탈트(Gestalt)는 '형태'나 '형상'이라는 뜻의 독일어이다. 프랑크푸르트대학의 심리학자 베르트하이머가 창시한 게슈탈트 학파의 이론임을 지칭한 것이다. 게슈탈트 이론이란 '산만한 부분들을 능동적으로 조합하여 의미 있는 전체로 지각하는 시지각 인지원리'의 이론이다. 요점은 "우리의 뇌는 구성 요소들을 개별적으로 인지하기에 앞서서 그 윤곽이나 패턴, 형태적 차이를 먼저 파악하려는 습성을 지녔다."는 데 있다. 이성적으로 사유하기 이전의 뇌의 인식 방식이라는

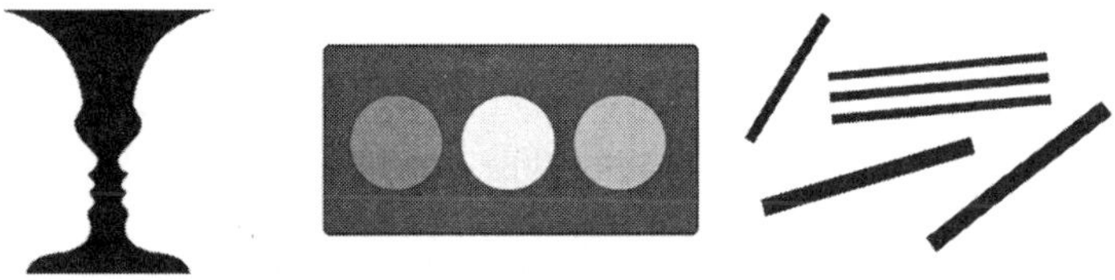

전경과 배경 과거의 경험 평행

<그림 082> 게슈탈트(Gestalt) 이론

점에서 이는 인간의 오성적 사고의 단면을 드러내고 있다. 〈그림 082〉의 세 개의 그림은 이성적으로 사유하기 이전의 사유, 오성적 발견의 세계를 보여준다. 왜냐하면 이 세 개의 그림은 메시지에서 모두 조금씩 모호성을 지닌다. 이들은 모두 이도 아니고 저도 아니어서 처음 만나는 순간 우리가 이성적 사유로 뜯어보려 하되, 언어로 설명하기가 아직 어려운 무엇인가가 있다, 그래서 우리가 잠시 이성을 물러나 앉히고 무심히 바라보고 있게 된다. 이 때에도 우리의 뇌는 이들을 단순화시켜가며 그 속에서 대비적인 요소를 인식하는 능력을 발휘한다. 흑과 백, 밝음과 어두움, 그리고 혼돈과 질서라는 저마다 다른 이미지가 그것이다. 저마다 다른 상관관계를 발견하면서 주요 대비요소가 상호간에 맺는 독특한 상황이 파악되고서야 우리의 뇌는 비로소 이를 빌미로 삼아 이성적 사유를 촉발시키기 시작한다. 〈그림 082〉의 '전경과 배경'은 흑과 백의 대비를 발견하고서야, 우리에게 '컵'을 보여준다. 혹은 서로 마주보고 있는 두 사람의 옆모습을 보여줄 수도 있다. 컵을 전경으로 삼으면 사람의 옆모습이 배경이 되고, 사람의 옆모습을 전경으로 삼으면 컵이 배경이 된다. 흑과 백의 대비를 발견하기 이전에는 경계를 이루던 선들은 그저 굴곡일 뿐 별다른 감흥을 일으키지 못한다. 이 굴곡들이 빛나기 시작하는 것은 흑과 백의 대비를

발견하면서 부터인데, 이때 흑과 백의 대비를 발견하기까지의 역할이 바로 사물을 전체적으로 관조할 줄 아는 오성의 기능이다. 이를 빌미로 우리의 이성이 발동하면서, 흑백의 대비를 나누던 굴곡들은 비로소 컵과 사람의 옆모습의 형상 중에서 자신이 맡은 역할을 우리들에게 소소히 알려주며 반짝이기 시작하는 것이다.

〈그림 082〉의 '과거의 경험'은 검은색의 정방형과 밝은 원의 대비가 주목을 끈다. 나란히 놓인 밝은 원 셋을 이 검은 배경과 대조시키며, 자동적이며 무의식적으로 전체를 관조하는 순식간의 과정이 오성의 역할이다. 주목할 만한 대비 관계가 오성적으로 인식되면 이를 뒤따라 이 모호한 대상은 이성적으로 '신호등'의 과거 경험들을 불러내게 된다. 세 가지 빛이 동시에 밝은 신호등이란 실제와 모순되지만, 이성적 경험 속의 기억도 모호하기는 마찬가지이기 때문에 이것을 신호등으로 인식하는 데는 아무 문제가 없기 때문이다.

〈그림 082〉의 '평행'에서 우리의 오성은 자유롭거나 혼돈스런 대상의 형상에 주목하면서 불현 듯 무질서 속에서의 질서라는 대비를 발견한다. 사방에 흩어져 춤추는 직선들을 관조하면서 혼돈과 대비되는 정돈성을 발견하기까지의 순식간의 관조 과정이 바로 오성의 힘인 것이다. 이러한 발견이 이루어져야 이를 빌미삼아 우리들의 훈련된 이성은 비로소 '평행'이라는 사유의 세계를 이끌어낸다. 이를 '평행의 질서'로 명명하는 과정은 이미 언어가 작동하는 이성의 세계이다. 오성은 혼돈 속에서 질서라는 대비요소를 발견하기까지의 말이 없는 두뇌의 기능일 뿐이다.

혹시 여러분들이 지금도 〈그림 082〉의 그림들을 처음 만나던 조금 전, 최초 순간의 두뇌 속 생각의 세계를 떠올릴 수가 있을까? "뭐지?"

하고 조금은 당황스러웠을 때, 이성이 한발 뒤로 물러났을 때, 그때 우리의 뇌 속에서는 오성이 발동하고 있었을 지도 모른다.

2) 비트겐슈타인의 '토끼오리'

<그림 083> 비트겐슈타인의 '토끼오리'

비트겐슈타인은 오스트리아와 영국의 철학자로 활동한 유대계 독일인이다. 논리학, 수학 철학, 심리 철학, 언어 철학 분야에서 20세기의 가장 위대한 천재 철학자로 손꼽힌다. "단어의 의미는 주어진 언어-놀이 안에서 그 단어들이 사용될 때 가장 잘 이해된다."는 주장은 비트겐슈타인의 후기 사상을 대표하는 말이다. 그의 이러한 후기 사상을 대표하는 그림이 비트겐슈타인의 '토끼오리'이다.

인간의 직관과 사유는 각자의 세계관이나 그가 처한 상황이나 환경 등에 의해 각기 다른 모양으로 인식이 되고 표출이 된다. 언어도 마찬가지이다.

'토끼오리'는 '토끼'이기도 하고, '오리'이기도 하다는 말이다. 어떤 관점으로 보느냐에 따라 다르기 때문이다. 언어는 그 자체로서는 참도 거짓도 아니라는 것이다. 언어의 의미는 오로지 명제 속에 고정되어 있는 것이 아니라 '어떤 지점을, 어떤 위치에서 보고 있느냐'라는 구체적인 사용의 맥락 속에서 정해지는 것이기 때문이다. 언어에 미치는 사회적 맥락의 중요성을 말한 것이다.

그러나 인간에게는 직관이 있다. 그가 사용한 '직관'이라는 것이 만약 언어화하기 이전의 사유였다면 그의 직관은 오히려 오성에 가까운 것이었을 것이다. 이러한 직관이 언어화하게 되면, 이때의 언어란 영락없이 '토끼오리'가 되기 마련이라는 것이 그의 지적이다.

그의 주장에 따르면, 언어의 의미는 추상적으로 고정되어 있는 것이 아니라 구체적인 맥락 속에서 정해지는 상대적인 것이다. 누군가에게는 아름다운 '장미'나 '4월'이 누군가에게는 가장 잔인하기도 한 것이다. 비트겐슈타인은 '토끼 오리'를 통하여 '언어'는 그 '의미'나 '사고'가 하나의 개념에 항상 고정되어 있는 것이 아니라 삶의 흐름 속에서 계속 바뀐다는 사실을 밝혔다.

따라서 언어는 말하는 이의 진짜 개념을 다 담아낼 수가 없다. 언어가 이처럼 상대적이므로 인간의 사유나 직관도 상대적 언어 속에서는 상대적으로 주관화될 수밖에 없다는 것이다. 이에 비트겐슈타인에게서는 어떤 직관도 언어로는 함부로 정의할 수 없게 되는 것이다. 언어로 정의되는 순간 처음의 직관은 의미가 일정하지 않은 개념으로 바뀌게 되고 말기 때문이다.

비트겐슈타인이 마침내 천재로 칭송되었던 것은 그가 언어로 옮겨지기 이전, 곧 '언어화 하기 이전의 직관'의 순수성과 무오류성을 보존하고, 전달하기 위해 노력하였기 때문이다. 그가 '언어화 하기 이전의 직관' 또한 '사유'의 존재를 가정했다면, 그가 추구한 '사유'란 '이성적 사유'이기 보다는 '오성적 사유'에 훨씬 더 다가선 것이었을 지도 모른다.

3) 오성적 사고의 발견

언어화 이전의 사고에 대한 위대한 깨달음으로 우리는 여기서 동양 정신 가운데서 '견성(見性)'과 '양지(良知)'의 사상을 들 수 있다.

'견성(見性)'이란 '마음 속에 본디 지니고 있는 불성을 깨달아 부처가 된다'는 '견성성불(見性成佛)'을 줄여 하는 말이다. 오도(悟道)라고도 한다. 망념과 미혹을 없애고 자기 본연의 성품을 깨달아 아는 것이다. 불교에 이르면, 선종은 경전의 자구에 얽매이지 않는 깨달음을 추구한다. '문자(언어)'에 의존하지 않고 참선수행으로 자신이 본래부터 갖추고 있는 '부처의 성품을 체득(見性)'하는 깨달음에 이르는 것을 목적으로 하는 것이다.

싯다르타가 설법을 끝낸 뒤 연꽃 한 송이를 들어 보였다. 제자 마하가섭만이 가만히 미소 짓자, 싯다르타는 그에게 경전 자구에 매이지 않는 진정한 깨달음의 비법을 전수하였다. 이것이 '견성(見性)'과 관련한 최초의 일화이다.

선종의 '돈오(頓悟)'는 본래 깨달음은 경전의 공부 시간과 관계없다는 의미이다. 누구나 이미 불성을 갖추고 태어났기 때문이다. 평생 경전을 공부하고 뼈를 깎는 수행을 하지 않아도 자기의 본성을 보고 그 안에서 불성을 찾을 수 있다는 것이니, 돈오란 '자기의 본성이 본래 깨끗하다는 것을 바로 보는' 과정, 즉 '견성(見性)'일 뿐이다. 혜능은 '내 마음이 곧 부처'라고 선언하였다. 우리의 본성은 더 이상 닦을 것도 새롭게 찾을 것도 없는 고결한 진리를 갖고 있으니, 나와 일상 세계를 뛰어넘는 초월적 깨달음이란 애초에 존재하지 않는다는 것이다.

불교의 선종을 닮은 것이 유교의 양명학이다. 양명학은 '마음의 선천적인 앎의 능력(心卽理)'인 '양지(良知)'을 숭상하였다. '양지'란 '숙고하지 않아도 선천적으로 아는 마음(心)의 작용'이니 오성적 깨달음이다. 유교의 경전을 통해 세상사물의 이치를 탐구하던 '격물치지'의 성리학에 반대하며 '격물치지'의 지(知)는 지식이 아니라 양지(良知)이니, 마음(心) 바깥에 세상의 사물은 따로 없기 때문이다. 문학가 이지는 양명학에 심취하여 동심(童心)이야 말로 양지(良知)를 터득한 성인의 마음이라고 여겨, 동심(童心)을 가장 높은 가치로 여겼다. 시류에 영합하기 쉬운 이성적 사유 이전에 우주를 있는 그대로 담은 채 손상되지 않은 세계를 추구하였으므로, 양지(良知)나 동심(童心)은 오성적인 깨달음을 높이 샀다는 점에서 비트겐슈타인의 '토끼오리'와 맥락을 같이 한다.

'오도(悟道)'를 추구한 선종의 '견성(見性)'과 '동심(童心)'을 추구한 양명학의 '양지(良知)'는 다 같이 언어화하기 이전의 깨달음의 능력이자 선천적인 앎인 오성의 능력을 높였다. 선천적인 앎이 지닌 능력인 점에서 맥락을 같이하나 현대 서구의 언어학자로서 오성이 지니는 철학적 개념은 불가해한 점이 더 많으므로 촘스키는 이를 언어 습득 시기의 '언어획득장치(LAD)'로서 가정하는 데 그쳤을 지도 모른다. 언어와 문화를 이해하기 위하여서 동양철학의 깊은 지식은 우리에게도 필요하지 않다. 다만 언어화하기 이전의 사유로서의 '천부적인 깨달음'

의 능력이 우리 모두의 마음속에 실존한다는 사실을 분명히 이해할 수만 있다면, 촘스키의 변형생성문법도 똑같이 쉽게 이해할 수 있는 문이 열리게 되므로, 우리는 여기서 '오성'의 이름으로 그 용어를 구체화한 것이다. 용어를 정비하는 것은, 이후 그 실체를 기억하고 저장하는데 도움을 주기 때문이다. 제대로 된 이름은 우리 사유 속에 실체로서 자리를 잡고 역할에 걸맞은 기능도 발휘할 수 있게 된다는 것이다. '언어획득장치(LAD)'란 곧 '오성'적 사유이다.

8.3. 언어와 사고

19세기 독일의 언어철학자 훔볼트(Humboldt, W. von)는 언어가 그 언어를 사용하는 사람의 사고방식이나 정신 구조에 일정한 영향을 미친다고 말했다. 이런 철학적인 배경은 미국의 언어학자 사피어(Sapir, Edward)와 그의 제자 워프(Whorf, Benjamin Lee)에 의해서 사피어-워프의 가설을 낳았다. 즉 우리들의 사고 과정이나 경험 양식은 언어에 의존하고 있으며, 언어가 다르면 거기에 대응해서 사고와 경험의 양식도 달라질 수 있다는 것이다.(김동섭: 49-61) 그러나 아리스토텔레스는 2500년 전 거꾸로 사고의 범주가 언어의 범주를 결정한다고 주장했다. 인간의 사고능력이 언어사용능력보다 더 일찍 나타나 더 빨리 발달한다고 생각하는 데는 여러 이유가 있다. 언어가 없는 많은 동물도 복잡한 인지가 가능한 것처럼 보인다. 아동도 언어를 효과적으로 구사하기 전에 이미 복잡한 인지가 가능하다는 증거를 보여 준다. 이를 고려한다면, 언어는 사고를 전달하는 기능의 도구라고 생각하는 것이 자연스럽다. 그럼에도 언어와 사고의 관계에 대해서는 서로 상충하는 의견들이 많다. 이런 의견들이 서로 나뉘어지는 이유는 무엇이며, 실제로 언어와 사고는 어떻게 연관되고 있는가?

1) 행동주의자들의 일체론

행동주의 철학자에게서 언어는 곧 사고이다. 그들은 사고를 관찰 가능한 일종의 발화 행동으로 보았다. 사고는 단순히 심적 활동을 할 때 자기에게 하는 말이라는 것이다. 말뿐만 아니라 몸짓으로도 사고한다고 주장했으며, 청각장애자들의 수화를 그 예로 들었다.[32] 심지어 주변에 수화를 가르쳐줄 사람이 없더라도 청각장애아들은 스스로 언어를 창조한다.(윤성노: 224) 실험 결과 근육활동이 있어도 사고가 진행될 수 있음이 드러났다. 사고란 소리 없이 자신에게 말하는 행동이므로 언어 발화 능력이 없이는 사고가 불가능하다는 것이다. 대표적인 구조주의 언어학자인 블룸필드(Leonard Bloomfield)도 행동주의 철학에 기반하여 사고 작용을 규정하였다.

그러나 이러한 행동주의적 견해는 언어 산출 능력과 사고의 능력이 일치하지 않는다는 점에서 많은 비판을 받았다. 정상적인 아동들

32) 수화는 손짓을 중심으로 몸의 움직임을 통해 의사를 전달하는 언어이며 다른 자연어와는 독립된 발달을 하였다. 농아자들을 위한 수화와 함께 침묵의 서약을 지키기 위해 수도자들이 쓰는 수도원 수화, 서로 언어가 다른 부족끼리의 의사소통에 주로 쓰이는 평원인디언 수화 등도 있다. 이들도 다른 자연어와 같이 변화, 분화하기 때문에 계통 연구가 가능하다. 예를 들어 한국 수화는 일본 수화 및 대만 수화와 관계가 있다. 미국 수화는 프랑스 수화에서 발달한 것으로, 영국의 수화와는 다른 형태를 지닌다.

의 경우, 언어 이해가 언어 산출 능력을 훨씬 앞서서 발달한다. 예를 들어, 아직 한 단어 밖에 말할 줄 모르는 한 살짜리 아동들도 그 보다 훨씬 복잡한 구조의 문장들을 이해할 수 있다. 아동들이 스스로 표현할 수 없는 문장들을 이해할 수 있다는 사실은 말을 할 수 있는 능력과 사고의 능력을 동일시할 수 없다는 것을 보여준다. 또한 선천적 장애로 인해 발화 능력이 없는 아동들도 정상적인 사고의 발달 단계를 거친다. 이는 사고를 소리 없는 발화 행동으로 보는 견해에 문제가 있음을 시사한다.

2) 사피어-워프의 언어결정론

사피어-워프의 언어결정론이란 언어가 사고와 경험 양식을 결정하는 데 중요한 역할을 한다는 것이다. 언어결정론이 미국의 언어학자 사피어(Sapir)와 그의 제자 워프(Whorf)에 의해서 탄생하게 된 배경에는 미국의 인류학자들이 당면했던 특이한 문제도 한몫을 하였다. 수많은 아메리카 인디언들의 문화적 차이가 언어의 상이함에 기인한다고 생각하고 있었기 때문이다.

사피어는 언어가 사고의 형성에 영향을 미친다고 온건하게 가설한 반면 워프는 언어가 사고를 결정한다는 강성의 가설을 주장하였다. 사피어-워프에 따르면 우리는 객관적 세계를 있는 그대로 보고 경험하는 것이 아니라, 언어를 통해서 인식한다는 것이다. 워프의 주장에 따르면, 우리는 서로 다른 모국어를 쓰는 한, 전혀 다른 세계에 살고 있다. 언어는 문화의 종속 요소가 아니라 오히려 문화의 양식에 영향을 미치거나 이를 결정하는 것이다.

나아가, 워프에 따르면, 언어는 단순히 소리로 옮겨진 사고가 아니라, 오히려 그 자체가 관념을 형성하는 주체이다. 자기암시적임을 말한 것이다. 부모는 자녀의 이름을 왜 아름답거나, 훌륭하게 지으려 하는가? 이름이 지닌 자기암시적 효과가 자녀들의 삶에 기여하리라 믿었기 때문이다. 이는 언어가 사고 형성과정의 매개체가 아니라 오히려 사고를 지배함을 의미한다. 아프리카 로데지아의 소어어에서는 무지개를 세 가지 색으로 표현한다. 소어족이 알고 있는 무지개와 미국인들이 보는 무지개는 다르다는 말이다. 보이는 것은 다 똑 같을 것이라고 생각하기 쉽지만, 문제는 사물을 인식하는 관점이 달라져 있다는 것이다. 요컨대 사피어-워프의 가설은 우리들의 사고 과정이나 경험 양식은 언어에 의존하고 있으며, 언어가 다르면 거기에 대응해서 사고와 경험의 양식도 달라질 수 있다는 것이다.

3) 촘스키의 언어결정론

촘스키의 변형생성문법은 인간 언어의 보편적이고 유한한 규칙을 밝히는 것이 그 목표이다. 촘스키는 언어가 인지 발달의 열쇠를 쥐고 있다고 생각하여 언어결정론을 주장하였다. 그의 가설에 따르면 인지 발달은 언어 발달에 달려있다는 것이다.

다만, 여기서 지적될 수 있는 문제는 언어를 구사하지 못하는 사람들의 인지 발달은 어떻게 설명할 것인가? 촘스키가 말하는 언어는 음성언어에 국한되지 않는 것인가?

촘스키의 언어결정론과 사피어-워프의 언어결정론은 언어가 결정적으로 관여하는 대상이나 그 과정의 차이로 요약된다. 촘스키는 언어와 인지 발달의 과정에서 언어가 인지에 대한 주도적인 역할을 한다는 것이며, 사피어-워프는 사고 및 문화간 영향의 과정에서 언어가 문화에 대한 주도적인 역할을 한다는 것이다.(김동섭: 68-69)

4) 삐아제의 인지결정론

인지론자들은 언어의 발달이란 인식의 발달이 전제되어야 한다고 한다. 삐아제(Piaget, 1969)에 따르면, "언어는 단지 인지 발달이나 변화를 나타내는 징후이지, 그 근원은 아니다." 따라서, 언어란 전적으로 사고에 의존한다. 그에 따르면 언어는 사고를 운반하는 도구이고, 하나의 인지의 표현에 불과하다. 그는 모든 지적 발달의 근원을 감각 운동적 행위에서 찾아야 한다고 주장했는데, 아동의 지적 발달은 감각운동적 행위를 따라 한 단계씩 발전한다는 그의 습득이론이 바로 이를 반영한 것이다.

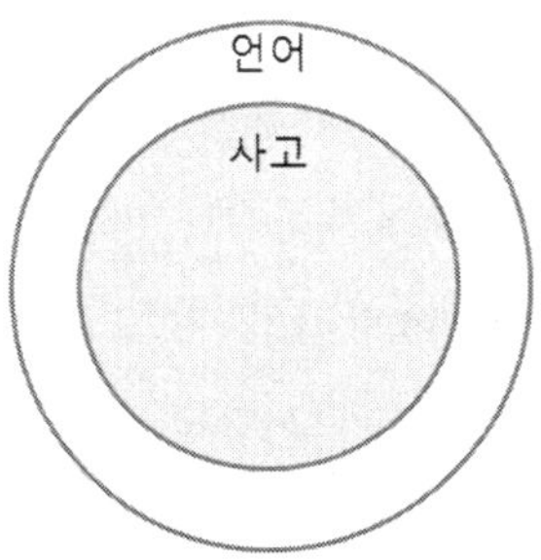

<그림 084> 언어와 사고의 관계

삐아제는 언어가 사고를 설명하는데 충분하지 못하다고 말한다. 왜냐하면 사고를 특징짓는 구조는 언어보다 더욱 깊은 곳, 즉 행위와 감각적 기제에 뿌리를 두고 있기 때문이다. 사고 구조가 더욱 정교할수록 이를 실현하는 데 언어가 더욱 필요하게 된다는 것은 분

명한 사실이다. 그러므로 언어는 논리적 조직에 필요조건이지 충분조건은 아니라고 그는 설명하고 있다. 〈그림 084〉는 삐아제의 생각한 언어와 사고의 관계를 도식화한 것이다.

그의 주장은 아동의 성장과정에서 아직 언어가 습득되기 이전의 인지 발달을 설명할 수 있다는 데서도 타당성을 찾을 수가 있다. 촘스키의 이론에 따르면 언어가 사고를 결정하기 때문에 언어가 출현하기 이전까지의 인지 발달을 '언어획득장치(LAD)', 곧 '오성'에 의해서만 설명할 수 있는 반면, 삐아제의 이론은 인지 발달 과정의 중간, 즉 생후 1년 이후에 언어의 발달이 시작되기 때문에 '오성'의 존재를 따로 설정하지 않고서도 성장과정 상 설득력을 얻을 수가 있기 때문이다.

5) 언어 상대성론

언어 결정론은 언어 우위론의 입장에서 언어의 상대성이 문화의 상대성을 야기시키고 구체적으로 사고의 형성에도 영향을 주거나 이를 결정한다는 것이다. 다만 현대 사회에서 사피어-워프 가설은 새로운 시각에서 재조명되고 있다. 특정 어휘의 선택은 우리의 생각이나 가치부여에 영향을 미친다는 측면에서, 특히 상품 광고나 정치적인 슬로건 등을 선정할 때는 이러한 언어와 사고의 관계에 주목한다. 예를 들어 '유산세(estate tax)'라고 부르느냐 '상속세(death tax)'라고 부르느냐에 따라서 상속세에 대한 미국 내 찬, 반의 여론이 인식을 달리 하는 현상이 이것이다. 또한, 특정 색채를 지칭하는 용어를 습득하는 것이, 이후 그 색채를 기억하고 저장하는데 도움을 주기도 한다. 즉, 극단적인 언어 결정주의는 배제되어야 한다고 믿으면서도 한편으로 언어와 사고가 어느 정도 영향을 주고받는다는 것은 사실이라는 것이다.

9. 언어와 문화

사피어(Sapir)는 문화와 언어의 상관관계를 연구하는 민족언어학의 창시자로서, 구조주의 언어학의 미국 기술 언어학파를 발전시킨 주요공로자이다. 그는 인간은 주로 언어를 통해 세계를 이해한다고 주장하며, 언어의 구조와 기능을 철저히 기술하면 인간의 지각 능력과 인식 능력을 이해할 수 있고, 서로 다른 문화적 배경을 가진 사람들의 다양한 행동 양식을 설명하는 데에도 도움이 될 수 있다고 했다. 이른바 사피어-워프 가설은 한 사람이 세상을 이해하는 방법과 행동이 그 사람이 쓰는 언어의 문법적 체계와 관련이 있다는 언어학적인 가설이다.

이처럼 언어란, 어떤 문화 공동체를 구성할 수 있는 기본 능력이 된다. 같은 나라이더라도, 언어가 다르다면 문화가 서로 다르다. 예컨대 캐나다는 영국계가 21%, 프랑스계가 16%이며, 영어와 프랑스어가 공용어이다. 다만, 캐나다 동부의 퀘벡 주는 주로 프랑스계 주민들이 많이 거주하여 프랑스어가 공용어로 쓰이므로, 캐나다에서 영어가 공용어가 아닌 유일한 주이다. 이 때문에 퀘벡 주는 분리 독립을 주장하기도 했다. 이렇듯이, 언어란 어떤 한 집단은 물론, 개개인의 문화적 특성을 결정하는 매우 중요한 기준이 된다.

9.1. 문화의 속성

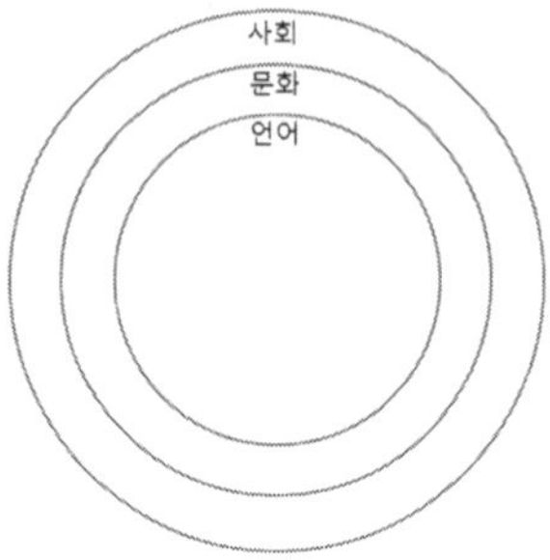

<그림 091> 문화를 중심으로 한 언어, 문화, 사회 간의 관계

언어 결정론이나 상대성론은 언어의 상대적 차이가 결국 문화의 형태를 결정하다는 것이다. 언어는 사회적으로 습득되는 것임에도, 또다시 문화와 사회를 결정한다. 이는 곧 사회와 문화는 구성원들에 대해서 구속적인 동시에 구성원들의 합의에 의해서는 창조적이어서, 전통적 요소와 발전적 요소가 공존하면서 언어와 유기적인 관계를 맺고 있음을 말해준다.

아이가 갓 태어나 언어를 습득하기 시작할 때, 아이는 사회에 구속되기 시작하나 이 아이는 차츰 사회를 형성하는 데 다시 일익을 담당하게 되다. 〈그림 091〉은 사회가 언어와 문화를 그 중심에 두고 동심원을 이룬 모습이니, 이들이 함께 성장하고 소멸하는 유기체적 관계를 보여주는 것이다. 이에 문화는 사회의 내적 실질내용을 이루면서 다시금 언어를 통하여 사회로부터 습득, 전달되거나, 구성원의 합의에 의해 개인으로부터 수용, 공유할 수도 있을 것임을 이해할 수가 있다.

언어는 인간의 내적인 사고 작용인 동시에 인간 외적인 사회 과정에서의 문화 활동이기도 하다. 이에 사회화의 특성을 공유한다는 점에서, 언어는 자체가 문화인 동시에 문화를 학습하고 보존하며 전승하는 도구이다. 홀(Hall, Edward T., 1959)은 이를 두고, "문화는 곧 의사소통이며, 의사소통은 곧 문화이다." 하였다. 따라서, 문화는 놀랍게도 언어와는 동질성이 강한데, 그 속성을 살펴보면 대개 아래와 같다.

① 공유성: 문화는 관찰, 측정할 수 있는 사물이나 사건 자체로서 문명이기 보다는 공유된 관념과 의미로 구성된다. 즉 공동체의 구성원이 개인의 정신 속에 저마다 공유하는 의식, 무의식 체계이다. 개인의 의식체계는 곧 언어의 체계이기도 하므로, 문화가 개인에게서는 언어의 형태로 인지될 수 있음을 알 수가 있다.

② 보편성: 가족, 혼인, 종교, 근친상간 등에 대한 금기 등, 제도나 관습의 기본적인 문화는 모든 문화권에서 보편적인 가치를 공유한다. 이는 사고 상의 정신언어가 보편어로 존재하는 언어의 현상과도 동일하다. 언어가 곧 문화라고 말할 수 있는 것은 바로 이러한 공통점에 근본을 두고 있다. 언어 현상에서 살펴본 것처럼, 세계는 국가로 나뉘고 국가는 다시 크고 작은 사회들로 층차적으로 분절을 이루며 지역, 계층에 따라 저마다 다양하게 구현되고 있으나 차별적인 문화를 고수할 때에도, 그 표층적으로 중의적이고 함의적인 문화 현상의 심층에는 여전히 보편적인 가치가 공유되고 있다.

③ 학습성: 전승성, 축적성, 체계성을 포함한다. 문화는 선천적, 생득적인 것이 아니라 후천적, 사회적인 것이다. 세대간에 걸쳐 학습되고 다시 이에 새로운 세대의 문화가 첨가되면서 전승되기를 반복하므로 체계적으로 축적된다. 사회 구성원들에게서 일생을 통해 학습됨으로써 세부적인 규범이나 예의범절이 공유된 점에서 이는 언어와도 그

속성이 일치한다. 예컨대, 언어란 민족공동체의 언어 기호(Sign), 기호체계(code)로서 뇌의 구조 속에 학습된 대표적인 문화체계이다.

④ 상징성: 모든 문화는 외형으로 드러나는 것 외에 속으로 품고 있는 의미가 따로 있음을 말한다. 이 역시 기호(Sign)를 통하여 상징(symbol)으로 사고하고, 해석하며, 상징화하는 언어의 속성과 같다. 문화의 본연적인 사회구성능력은 모두 이 상징성에 근거한 것인데, 이는 언어의 생득적인 사유능력이 바로 기호의 상징성에 근원함과 같다. 중의적이고 자의적인 언어의 속성은 문화에서도 다양성으로 파생되기도 하는데, 이는 기본적으로 상징성의 특징과 관련된 것이다. 문화가 지닌 상징성을 살펴보면 아래와 같다.

* 성수: 사제가 신도들에게 뿌리는 성수는 여느 물과 다르지 않으나, '생명의 잉태'라는 물의 상징성 때문에 종교의식에서의 효력을 공유한다.

* 언어: 기호(상징)로 해석(사고)하는 가장 보편적인 상징체계의 문화이다.

* 킬트(Kilt): 영국 스코틀랜드 고지대 지방과 아일랜드에서 입는 남성용 정장이다. 허리에서 무릎까지 닿는 스커트로서, 앞 중앙부에 조그만 가죽 주머니를 장식으로 달았다. 이를 스포란(sporran)이라고 한다. '타탄이라 불리는 체크(tartan check)' 무늬로 된 천을 사용하는 것이 특징이다. 길이는 무릎까지 오는 짧은 것으로 주름이 같은 방향으로 잡혀 있다.

* 경극(Beijing Opera): 차 문화의 일환으로 사람을 만나며 음악을 듣

기 위해 시작된 남방의 지방극이 점차 공연과 관람 위주로 뿌리를 내리며 베이징[北京]에서 완성된 오페라이다.

* 킬트와 경극의 색상 상징의 다양성 비교

색상	킬트의 타탄체크	경극의 페이스페인팅
적색	자비와 승리	충의와 기개
흑색	슬픔과 야성의지	지혜와 용맹
백색	순수와 공정	간사와 흉악
금색	총명과 심판	장엄과 당당함(신)
녹색	희망	경솔과 무모함(협객)

〈표 091〉 킬트와 경극의 색상 상징 비교

<그림 092>킬트의 타탄체크

<그림 093>경극의 페이스페인팅

9.2. 문화와 언어

언어를 배운다는 것은 문화를 배운다는 것이다. 김진우는 심지어 언어를 통하여 문화를 배우기 보다는, 언어라는 이름의 문화를 배우고 있다고 여긴다.(김진우: 298) 언어 습득 과정은 문화화과정에 지나지 않기 때문이다. 오늘날 제2언어의 교육 목표는 '언어능력(linguistic competence)'의 신장이 아니라 '의사소통능력(communicative competence)'의 함양에 있다. 의사소통능력이란 언어형성규칙과 함께 말하기 규칙을 바르게 알고 운용할 수 있는 상황화 기능(situational function)의 능력을 말한다. 언어형성규칙이란 의미, 통사, 음운 전반에 과한 규칙으로서 어법적 기능의 규범이며, 말하기 규칙이란 사회, 문화적 지식에 관한 규칙으로서 상황에 따른 '수용성'과 '적격성'의 규칙이다. 이에 의사소통능력을 함양한다는 것은 곧 언어내용과 함께 문화내용을 이해하고 활용할 수 있는 언어의 사회, 문화적 활용능력을 함양한다는 뜻이다.

교실수업이 이상적으로 수행되었거나, 목표어가 실제로 사용되고 있는 언어환경이라면 적당한 훈련시간이 지나게 되면 구문의 통사나 어휘와 같은 언어 내적인 장벽을 어느 정도 극복할 수가 있다. 그러나 이때에도 양 언어 간에 가로놓여 있는 문화장벽, 곧 사고 유형이나 가치관의 차이가 함께 극복되지 않는다면 원어민의 유창함에 이르기는 여전히 어렵다.(박의재: 18)

미국의 슈만(Schumann, John H., 1976)의 문화변용모형(acculturation model)에 따르면, 제2언어의 습득 과정은 '학습자가 목표언어 문화에 적응하는 과정'으로서, 제2언어 습득의 성패는 학습자와 목표언어문화의 사회적, 심리적 거리에 의해 결정된다. 그는 교실수업을 받지 않으며 미국에서 생활하는 스페인어권 코스타리카인 노동자 그룹의 언어습득을 10개월 관찰한 결과, 특히 진보가 없는 학습자 알베르토(Alberto)에게 주목하고 그의 행동을 분석해 이와 같은 결론을 얻었다. 알베르토는 미국문화권의 사람들과의 적극적인 교류도 갖지 않고, 스페인어권 사람들과 스페인어로 말하려고만 들거나 테이프로 자국의 노래만 들으며 학원을 다니지도 않았기 때문이다.

이 때문에 슈만은, 학습자가 모국의 문화에 집착해, 목표언어의 문화에 익숙해 지려고 들지 않았기 때문에 영어 학습이 늦어졌다고 생각해 제2언어 학습자는 자신의 문화 수용의 정도에 따라 제2언어를 습득한다고 주장했다. 즉, 제2언어 습득은 문화 수용의 한 측면으로, 학습자가 자기 자신을 얼마나 목표언어 집단의 문화에 동화시키는가에 따라 습득의 성패가 정해진다는 것이다.

안데르센(Andersen, R., 1979)의 모어화모델(nativization model)에 따르면, 교실수업에서가 아닌 한, 제2언어를 습득하는 초기단계에서는 모어화(nativization)의 현상이 나타난다. 모어화란, 피진어(pidgin: 통상어)에서처럼 학습자가 간소화한 자기의 내적 규범에 맞추어 목표언어를 간소화, 수정시켜 가는 것이다. 내적 규범에 맞추어 목표언어를 간소화하는 현상은 영아들의 초기 모어(제1언어) 학습에서도 발견된다. 습득이 일정 정도 진행된 단계에서야 탈모어화(denativization) 현상이 보이기 시작하는데, 탈모어화란 외적 규범, 즉 목표언어의 규범에 맞추어 내적 간소화 규범을 재수정 시켜가는 것이다. 이때 학습자의 탈모어화는 목표언어문화와의 심리적, 사회적 거리가 없어진 이후라야 비로소 촉진된다.

이들은 모두가 제2언어 습득에서 문화가 미치는 사회적, 심리적 요인에 초점을 맞추면서, 문화적 접근의 역할을 부각시키고 있다.

9.3. 어휘 속의 문화

사피어는 언어가 객관적 세계에서 형성되는 것이 아니라 사회적 세계에서 형성된다고 보았다. 즉 인류가 공동체를 형성하고 그 공동체가 점차 다양한 사회로 발전하면서 그 사회의 유형에 따라 언어가 형성된다는 것이다. 아랍어에 낙타와 관련된 수많은 어휘들은 중동 지방에서 낙타가 가장 중요한 가축이라는 사실을 말하고 있다. 이 때문에 같은 아랍인들 가운데서도 양을 유목하는 이들은 낙타를 유목하는 이들에게서 천시되는 것은 이러한 언어의 모습과 무관하지 않다.

이처럼 언어에는 그 민족의 특색으로서 그 사회의 문화가 나타나 있다. 문화는 인간의 생활과 함께 형성된 것으로, 언어 그 자체가 문화적 산물이자 문화를 창조하고 전수하는 수단이 된다. 언어가 문화를 반영하고 있는 예는 아래와 같다.

* 한국인은 농경 생활을 기반으로 형성되었기 때문에 한국어에서는 농경 문화나 주식인 쌀과 관련된 용어를 쉽게 찾아볼 수 있고, 외국어로 번역하기도 어렵다.

예) 주식문화 용어: 벼, 모, 쌀, 밥, 막걸리, 고추장, 누룽지, 김치

농경 용어 : 따비, 괭이, 쇠스랑, 삽, 종가래, 가래, 호미, 낫, 고무래, 용두레

색채 용어 : 퍼렇다, 파랗다, 시퍼렇다, 푸르스름하다, 푸르죽죽하다, 푸르다

날씨 용어 : 진눈깨비, 함박눈, 싸리눈, 보슬비, 이슬비, 장대비

* 에스키모 족의 언어는 추운 지역이어서 눈과 관련된 용어가 발달하였다.(김진우: 186)

예) 가나(gana: 하늘에서 내려오고 있는 눈, falling snow), 아풋(aput: 땅에 내려앉아 쌓여 있는 눈, snow on the ground), 픽써폭(pigsirpog: 바람에 이리저리 휘날리는 눈, wind-driven snow), 지먹석(gimugsug: 무더기로 쌓여 단단해진 눈, hard-packed snow)

*호주 토착어 핀투피(Pintupi)어는 구멍을 표현하는 용어가 발달하였다.(김진우: 187)

예) 야르라(yarla: 사물의 구멍), 피르티(pirti: 보통의 땅 구멍), 카르탈파(kartalpa: 작은 땅구멍), 피른키(pirnki: 바위 구멍), 율필파(yulpilpa: 개미구멍), 무타라(mutara: 창에 낸 구멍), 냐르칼파(nyarrkalpa: 작은 짐승굴), 풀파(pulpa: 토끼굴), 마카른파(makarnpa: 도마뱀굴), 카타른타(katarnta: 동면후 도마뱀 탈출굴)

9.4. 언어 습득과 문화화 과정

한 사회의 문화란 그 사회 구성원들이 합의한 행동양식과 사고방식의 집합이다. 따라서 아이들은 언어를 통해서 문화도 습득한다. 언어를 배운다는 것은 의사소통하는 것이며, 의사소통하는 과정이 행동양식과 사고방식을 모방하는 과정이기 때문이다.

그러나 제2언어 학습자는 학습 과정에서 계속 틀린다. 이는 주로 제2언어에 담긴 문화가 모어의 그것과 다른 데 연유한다. 결국 언어와 문화는 같은 것이기 때문에 언어학은 결국 민속학의 일부일 수밖에 없다고 주장하는 문화우위론자들은 언어에서 차지하는 문화의 비중을 높이 산 것이다.(김진우: 370) 결국, 제2언어를 학습하는 데서 문화의 차이를 예견하고 대비한다는 것은 학습능력을 향상시키는 데 질적으로 기여하게 할 것이다. 예컨대 비록 한국에 살고 있지만 어머니는 중국인인 한국 학생이 제3의 언어로서 영어를 공부한다면 이 학생은 어머니와 아버지가 모두 한국인인 한국 학생이 제2언어로서 영어를 공부하는 경우보다, 영어권의 문화에 대한 기대 수용력이 클 것으로 기대되는 것은 자연스럽다. 왜냐하면 모어는 중국어이며 국어는 한국어여서 이들 언어가 지니는 서로 다른 문화 양식에 대한 소양이 이미 내면화하고 축적되어 있기 때문이다. 이러한 문화적 소양이야 말로 비록 제3의 언어이지만 영어의 습득에도 문제해결 능력의 지침을 제시해줄 것이기 때문이다.

언어를 배운다는 것이 곧 문화를 배운다는 것이라면 문화적 다양성에 대한 소양 자체가 언어의 학습에는 많은 영향을 미칠 수가 있다. 그러나 교통과 매스미디어가 발달한 지금도 한국의 실제 언어환경은 대개의 학습자에게서 양 언어에 대비할 수 있는 문화적 소양 자체를 축적하기가 쉽지 않다. 이에 문화적 소양이 축적되는 몇 가지의 서로 다른 상태를 살펴보며 이를 예견하고 대비하는 심리적 자세를 갖추는 것도 한 대안이 될 수가 있을 것이다.

김진우에 따르면 문화적 동화과정의 1단계는 흥미단계이다. 호기심이나 행복감을 느끼는 시기이다. 2단계는 충격단계이며, 이때 호기심은 이질감으로 바뀌며 자신의 정체성에 대한 불안감으로 변한다. 3

단계는 해소단계이다. 이질감이나 불안감이 이해심으로 바뀌는 과정이다, 이때는 호감과 불만감의 긍부정적 효과가 다 있을 수가 있다. 마지막으로는 회복단계이다. 문화적 동화가 완성되는 시기이다.(김진우: 375) 언어가 곧 문화인 한, 언어 자체를 통하여서도 양 문화의 문화적 소양은 동시에 습득될 수가 있다. 텍스트나 학습법을 선택할 때 문화적 소양이 주의 깊게 배려되어야 하는 이유가 여기에 있다.

10. 언어와 사회

인간은 사회를 이루고 공동체 내에서 끊임없이 소통한다. 크고 작은 사회에는 이들 구성원들이 공유하는 다양한 기호 체계 즉, 공적인 언어와 은밀한 언어들이 모두 존재하기 마련이다. 소쉬르에 따르면, 언어란 체계이며, 체계로서 연구되어야 한다. 개개의 사실을 고립시켜 보지 말고 항상 전체로서 보아야 하고, 또한 모든 사실은 체계 내에서 결정된다. 곧 그가 창시한 구조주의의 등장이다. 이때 체계란 고립된 언어 내부로서의 체계인 동시에 크게는 공동체의 체계를 가리키기도 한다. 따라서 이는 곧 언어가 지니는 구조이면서 나아가 언어의 사회성을 밝힌 것이다. 소쉬르에게서 언어란 무엇보다도 상호 이해라는 목적을 달성하는 사회현상이기 때문이다.

예를 들면 웃음이란 감정을 표현하는 사회적 행위이자 언어이전의 감정표현 수단인 비언어적 소통방식으로, 다른 포유류와도 공유하는 감정들에 속한다. 다만 생체조건상 두발로 걷는 동물이라야 웃음을 웃을 수가 있다. 웃음은 성대를 짓눌러 쥐어짜내면서 소리를 지르는 과정이기 때문이다. 당연히 감당할 수 없을 만큼 웃을 때는 숨이 막히므로 위험하기도 하다. 개코원숭이나 침팬지는 웃는다. 개코원숭이나 침팬지는 가장 사회적인 종들이다. 침팬지도 가짜 웃음을 웃는다. 사회적인 유대관계를 위해서이다. 그러나 서로 간질이면서 웃는 진짜 웃음을 웃을 때는 더 오래 웃는다. 다만 포유류이므로 쥐에게도 웃음과 가까운 기본 감정이 있다. 뒤집어놓고 간질이면 찍찍대는데 제 딴에는 웃음소리를 낸 것이다. 왜냐하면 자신을 간질이던 손을 따라다니며 손가락을 아프지 않게 물기도 하며 장난을 걸기 때문이다. 포유류에서 영장류로, 영장류에서 다시 인간으로 진화하면서, 웃음이 지니던 사회적 소통의 기능은 인간에게서 마침내 언어로 승화하였다. 언어가 상호 이해라는 목적을 달성하기 위해 존재하는 인간사회에서의 고도의 사회현상임은 그 기원으로부터 이를 이해할 수가 있다.

10.1. 언어와 사회의 속성

민족과 국가는 비교적 큰 단위의 사회를 구성한다. 국가는 정치적, 사회적 공동체 집단이다. 대개 일원화한 통치조직을 가지고 일정한 영토에 정주하는 다수인으로 이루어진 사회를 지칭한다. 그러나 민족이란 언어적, 문화적 공동체의 집단이다. 한 민족은 언어, 문화, 지역, 관습, 사회, 역사적으로 동질감과 귀속감을 공유하고, 응집력을 지닌 공동체로서의 집단을 가리키는 말이다. 한 민족은 고유한 사회적 특징으로서의 민족성이 나타나나, 국제화시대에 다민족 국가 현상이 점차 확산하면서 보다 보수적이거나 진보적인 관점 또한 가능하다. 언어를 위주로 하는 민족과 정치를 위주로 하는 국가라는 서로 다른 요인으로 사회가 구성되다 보니, 오늘날의 세계는 도처에서 민족은 민족 나름대로, 국가는 국가 나름대로 몇 가지 복합적인 문제가 사회 불안을 야기시키기도 한다. 예컨대 중국은 고대 이래로 다양한 민족을 조합하여 1국가사회를 지향해 왔으며, 한민족은 남한과 북한으로 분단된 1민족 2개의 분단된 국가사회가 현대사를 통하여 지속되고 있다.

다양한 민족이 어우러진 사회에서 원활한 언어생활을 수행하기 위해서는 문화적으로 사유방식과 표현방식의 전환이 핵심이 된다. 이러한 유연한 문화의식이 요구되는 원인은 크게 언어주체의 민족 문제와 함께 언어 자체가 지니는 사회성의 문제도 고려해야 한다.

1) 언어 주체의 다양성

다양한 역사나 민족으로 이루어진 현대의 국가사회에서 언어는 도처에서 다중 언어의 문제를 야기한다. 이때, 다종의 언어 가운데서 공식적, 비공식적인 언어는 대개 다음과 같이 구분된다.

(1) 국어(national language): 국가적인 공용어로 인정된 언어이다.

(2) 공용어(official language): 공용 문건에 사용되며, 표준으로 삼는 공식어이다.

(3) 모어(mother tongue): 아이가 태어나서 처음 배운 말이다. 여러 민족으로 이루어진 국가에서 자기 민족의 언어를 가리키기도 한다. 단일 언어를 사용하는 나라에서는 '자기 나라말(native language)'을 가리키기도 한다. 모국어(mother tongue)가 이런 말이다. 우리나라는 단일 언어를 사용하므로, 한국어에서의 모어나 모국어(mother tongue)는 한국어로 동일하다. 재일 조선인 저술가 서경식은 "일본에서 나고 자란 나에게 모어는 일본어이다. 조선어는 모국어지만 모어는 아니다."라고 모어와 모국어를 구분하였다.

국어나 공용어는 양종, 혹은 그 이상일 수도 있다. 스위스는 프랑스어, 독일어, 이탈리아를 동시에 공용어로 인정하며, 러시아어는 중국어, 영어 다음으로 많은 5억 명이 사용하는 언어이나 구 소련 연방 구성 국가들에게서는 과거 법적으로 규정되었던 국어가 지금은 공식어, 소수민족어 등으로 그 지위가 하락하면서 이중 언어 현상이 확산되고 있다. 홍콩은 영어와 광동어가 공용어이다. 영국의 식민지이던 시절에는 영어가 유일한 공용어였고 지금도 공식적인 언어는 여전히 영어이다. 홍콩 정부가 베이징어를 필수 언어로 새로 추가하면서 베이징어는 성인들의 중요한 실무 언어이자, 공공 서비스 안내어가 되었으나, 집에서 베이징어를 쓰는 홍콩인은 2% 미만이어서, 홍콩에서 베이징어는 아직 링구아프랑카(Lingua Franca: 혼성국제어)의 성격이 강하다. 중국은 베이징어가 공식적인 언어이나, 수많은 소수 민족들은 여전히 비공식적으로 고유어를 지키고 있다. 현대사회는 실제 언어생활 속에서 이처럼 다양한 언어가 사용되므로, 언어 주체는 끊임없이 사유방식과 표현방식의 전환을 요구받고 있다.

2) 언어 자체의 사회성

언어는 기성의 사회적 합의에 따라 개인의 사고와 행동에 대하여 구속성을 지니면서, 아울러 새로운 사회적 합의에 의하여 언제나 스스로 역사적으로 변화를 거듭하는 생명성도 지니고 있다. 이 때문에 언어는 개인이 마음대로 좌우할 수가 없다. 이는 기성의 사회적 약속에 구속되어 있기 때문이다, 그러나 때로는 새 말이 자꾸 생기고, 의미가 변하고, 사라지며 스스로 변하기도 한다. 이는 새로운 사회적 합의를 따르고 있기 때문이다.

(1) 언어의 구속성: 사회적 제약성을 말한다. 약속에 제약 받아 임의로 '의미'를 좌우할 수 없다. 다만 언어의 속성상 의미는 환경에 따라 교차 중첩하는 중의적 속성을 지니므로, 절대적이고 고정불변한 약속이라는 선입견에 억압되기 보다는 상징이 지니는 가족적 유사성을 적극 활용하는 유연하고 능동적인 마음가짐이 요구된다. 즉, 제한적 의미에 집착하거나 고착함이 없이 용례를 적극 활용할 필요가 있다.

예) side(측면) ↔ on my side(편)

(2) 언어의 생명성: 사회적 변화성을 말한다. 사회적 요청과 합의로 언어는 새로운 언어를 낳고, 새로운 의미를 얻기도 하기 때문이다.

예) 댕댕이 → 냥냥이와 댕댕이 ↔ 항우도 댕댕이덩굴에 걸려 넘어진다

언어 자체의 사회성은 그 생명성과 역사성에 말미암아, 언어 주체가 다양한 때에서와 마찬가지로 언어사용자로 하여금 실제 언어생활 속에서 끊임없이 사유방식과 표현방식을 전환하게 한다.

10.2. 언어의 사회적 기능과 조건

사회는 공동체 구성원의 효과적인 의사소통을 통해서만 원만히 유지된다. 이에 언어는 그 자체로서 사회를 통합하거나 통제하는 기능을 지니고 있다. 이 때문에 때로는 내용과는 상관없이 말을 한다는 자체로서도 사회적 유대감을 높일 수도 있다. 그러나 때로는 사회의 성격이나 대화의 목적을 고려하는 효과적인 의사소통을 달성하기 위해

서 언어가 사회적 제약을 수용하고 문화적으로 조화를 이루기도 해야 한다. 언어의 통합과 통제 기능을 조장하기 위한 사회적 제약에 구속되기 때문이다. 이에 언어 자체가 지니는 의사소통의 기능과 함께 사회적 제한으로서의 상황화 기능(situational function)을 나누어 살펴보면 아래와 같다.

1) 언어의 사회적 기능

언어가 그 자체로서 지니는 사회를 통합하거나 통제하는 기능이다. 생각, 의견, 경험, 판단 등 의사소통과 관계한 언어의 기능은 다음과 같다.

(1) 정보기능: 지시적 기능이다. 기호화, 의미화, 개념화하는 소통중심의 기능이다.

(2) 교감기능: 공유, 공감, 감성화의 기능이다. 감정, 정서를 반영, 확인, 변화시키는 기능이다.

(3) 친교기능: 사교적 기능이다. 인사로 대화를 트거나 분위기를 조성하는 기능이다.

(4) 명령기능: 지령적 기능이다. 청자의 능동적 상태변화를 유도하는 기능이다.

(5) 시적기능: 미적 기능이다. 감상적인 표현을 선택하는 기능이다.

2) 언어의 상황화 기능

언어가 맡는 사회적 기능을 원활하게 하기 위한 기능이다. 효과적인 언어생활을 위해서는 두 가지 상황화 기능을 고려해야 한다.

(1) 수용성(acceptability): 표현의 명제적 의미 이외의 사회적 의미가 처한 상황의 문화 맥락에 맞아야 하는 성질로, 언어가 단순 문장의 문법성에만 의존할 수는 없다. 화자간 사회적 관계를 나타내는 기능 또한 이에 포함한다.

예) 상대의 감사표시 "Thank you!"에 대한 반응의 수용성

* No problem. (초면의 행인에게 핸드폰을 주워 주었다/ 괜찮다는 뜻)
* You are welcome! (친구 생일에 원하던 선물을 주었다/ 호의로 했다는 뜻)
* Thank YOU!(칭찬을 했다(You have lovely eyes!)/ 내가 오히려 고맙다는 뜻)

(2) 적격성(appropriateness): 모든 언어는 단일불변의 형태가 아니다. 권역에 따른 지역방언이 있고, 계층(교육, 경제, 직업)에 따른 사회방언 등 변이형이 있으며, 장면에 따른 상황변이형, 용도나 목적에 따른 기능변이형도 형태를 달리한다. 단일언어(monolingualism) 공동체[33]라 하더

33) 다수언어(bilingualism) 공동체는 다양한 민족이나 다수 문화권의 공동체가 목적이나 상황에 따라 언어형태를 적절히 선택 구사해야 하며, 양층언어(diglossia) 공동제는 한 언어의 두 가지 다른 형태가 사용되는 공동체로, 예컨대

라도 상황과 관계를 고려한 자연스런 품격의 어휘를 적절히 선별해서 사용한다.

예) 한국어의 적격성의 차이

* 식사 같이 좀 하세요(높임말)
* 밥은 먹고 왔니(예삿말)
* 끼니는 때웠냐(낮춤말)

예) 영어의 적격성의 차이

Your silence is cordially requested(정숙하시기를 정중히 요청드립니다)

Would you please be quiet(좀 조용해 주겠니)

be quiet(조용해)

shut up(입 닥쳐)

drop dead(꺼져버려)

10.3. 언어와 사회의 불가분성

언어활동은 상호간의 이해를 도모하고 이를 달성기 위해 선천적으로 부여받은 능력이나, 사회생활을 통해서만 실현된다는 점에서, 사람의 호흡이나 보행 같은 본능과는 뚜렷하게 구별되어야 한다. 따라서 인체 내적인 생리학적 특성으로서 두뇌와 인지의 발달을 언어습득의 주요원인으로 지적하는 경향 이외에 언어의 사회적 요청의 측면을 언어습득의 주요원인으로 지적하는 경향 또한 적지 않다. 사회와의

스위스에서는 스위스식 독어와 표준독어를 적절히 선택, 구사하게 된다.

불가분성을 고려하여 언어 습득시 주의해야 할 언어의 사회적 요소는 아래와 같다.

1) 화용론적 언어 습득론

화용론[34]적 언어 습득론자들에 의하면, 어린이는 집단 내에서 의도를 표시하거나 사교적인 활동을 하기 위해서 언어를 배운다. 어린이는 사회적 의사표현의 기본단위로서의 화행의 터득을 통해 언어 학습이 이루어지는데, 화행은 여덟 가지 기능적 언어행위를 포함한다. 즉, 요구, 주장, 항의, 부인, 진술, 권유, 지시, 인사 등의 의도를 관철하기 위한 언어행위가 이것이다.

이들에 따르면, 언어습득이란 어린이가 어떻게 언어구조를 이해하고 표현하는가 하는 문제보다 훨씬 복잡한 청자와 화자의 상호작용을 할 수 있는 능력을 터득한다는 것이다. 즉 'milk'가 무엇인지 알고 있는 것과, 단순히 'milk'를 말하는 것과 컵에 채워진 'milk'를 요구하는 언어행위와는 차이점이 있다는 것이다. 이에 'milk'를 무엇인지 안다는 것은 개념적 지식의 습득이고, 'milk'를 말할 수 있다는 것은 언어학적 지식의 습득이고, 'milk'를 요구한다는 것은 화용론적 지식으로서 언어수행 행위의 습득이다.

---

34) 화용론(話用論: pragmatics)은 말은 문맥상 적절하고, 화세는 잘 이어지는지, 화자와 청자의 관계에 따라 언어는 어떻게 바뀌며, 화자의 의도와 발화의 의미는 어떻게 다를 수 있는지 등을 다루는 문법이다. 음성학(phonology), 의미론(semantics), 형태론(morphology), 통사론(syntax)과 함께 문법의 5대 범주에 포함된다.

그러므로, 어린이의 상호대화작용은 언어 학습의 조건인 동시에 원동력이다. 언어발달의 기본으로서 사회생활 자체가 전제되어야 인식의 발달도 뒤따라 이루어진다는 것이다. 즉 어린이의 언어습득은 사회적 행위발달에 의존되며, 통사론, 의미론적 지식습득은 사회 내에서 상호 작용의 경험과 인간관계의 인식이 선행된 이후에야 완성된다.

화용론에서는 의사소통이 핵심이 된다. 유아의 의사소통수단은 울음. 찡그림, 옹알거림, 종알거림 등 여러 가지가 있고, 실제 이런 의사표현 행위가 보모와 유아 사이에 끊임없이 진행되는 과정을 통해 언어가 형성된다. 실제 유아가 언어나 어떤 행위를 통해 상대방에게 영향을 줄 수 있다는 확신이 싹틀 때 언어도 성장한다.

다만, 이는 인지적 언어습득과 구별하기 힘든 연관성이 있다는 점과 어린이의 통사론 습득에 관한 발달기저를 설명하기에 빈약하다는 비판을 받는다. 만약 어린이가 자신의 의도를 표현하기 위해서 언어를 배운다면 화용론자들은 어린이의 의도를 설명할 때 언어구조와 연관된 심층과정을 설명할 수 있어야 하는데 화용론적 언어습득론은 그런 심층과정을 설명한 습득이론이 아니다(Owens, 1984).

2) 상호작용론적 언어 습득론

상호작용론적 언어습득론에 따르면, 어린이는 사회집단에서, 의미있는 상호대화작용을 통해 언어의 '내용', '형태', '활용'의 서로 다른 측면을 습득하고 있다. 상호작용은 가정에서, 학교에서, 주위 환경집단 내에서 끊임없이 일어난다. 어린이는 백지상태의 두뇌로 태어난 것도 아니고, 수동적인 수혜자도 아니다. 어린이는 태어날 때부터 주위 환경에 잘 적응할 수 있고, 상호 의사소통할 수 있는 신체조직을 지니고 태어난다. 이에 자연과 사회, 성인과 어린이, 환경과 신체의 상호작용은 어린이 언어습득을 주도하고 촉진하는 주체로서의 기능을 하고 있다.

어린이는 상호 작용론적 언어습득과정을 통해서 '내용', '형태', '활용'의 3차원의 언어세계를 숙달해가는데, 이 3차원의 언어세계란 상호대화작용을 통해 어린이가 습득한 언어의 문법화에 해당하는 것이다. 3차원의 언어세계와 관련하여, 맥코믹(McCormick, L.)과 쉬펠부쉬(Schiefelbusch, R. L.)는 일반적으로 지식에는 세 유형이 있다고 여겼다. 대상에 관한 지식, 대상의 관계에 대한 지식, 사건의 관계에 관한 지식이 이것이다. 예컨대, 'dog'과 'cat'을 구분한다면 대상에 관한 지식을 습득한 것이다. 'all gone(없다)'거나 'red'나 'yellow' 같은 색깔, 혹은 'big'이나 'small' 같은 크기, 'on chair' 같은 위치나 'my sweater' 같은 소유를 표현한다면 대상의 관계에 대한 지식을 습득한 것이다. 그리고 'before lunch' 같은 시간이나 'I want to swim' 같은 '원인'을 표현할 수 있다면 사건의 관계에 관한 지식을 습득한 것이다.(McCormick, 1984). 예컨대, 'here and now(여기와 지금)'라는 어휘나 구구조는 어린이가 환경 속에서 현재 이곳에서 보고, 만지고, 듣고, 느끼고, 맛보고, 생각한 것을 통해 습득이 된다. 어린이 언어습득의 과정은 자연과 사회 사이의 상호작용에 의해 이루어진 인간행위의 결과이며, 아동 자신은 상호 대화작용을 통해 언어를 습득할 수 있는 사회적 동물이기 때문이라는 것이다.

상호대화작용이론은 의미론적 지식과 문장구조론적 지식, 그리고 화용론적 지식의 상호작용에 중점을 둔 언어습득이론이다. 다만, 화용론적 언어 습득론과의 차이점을 구하기 어려우며, 대화 작용만을 강조하면서 모방이라든지 강화에 대한 언급이 없는 점은 논리상 허점이 있다는 비판이 있다.

비록 화용론적 습득론과 상호작용론적 습득론이 언어습득론으로서는 비약과 편견이 적지 않으나, 언어 환경의 측면에서는 한결같게도 언어 습득과 사회와의 불가분성을 중시한 점에서 맥락을 같이한다. 언어에 미치는 사회의 영향을 특별히 중시한 점에서, 여기서는 언어습득론으로서가 아니라, 언어가 지니는 사회적 요소를 이해하기 위하여 이를 살펴본 것이다. 사회가 가지는 언어와의 불가분성이라는 언어 환경의 측면을 이해한다는 것은 향후 학습의 측면에서 학습의 효과를 높이는 데 크게 기여할 것이다. 최소한 아동기에는 그 언어의 많은 부분은 사회적 경험으로부터 촉진되고 획득된 것이기 때문이다.

10.4. 언어와 사회의 다양성

1) 국제사회 언어

세계에는 7천여 개의 언어가 쓰이고 있다. 이들 중 어떤 언어들은 하나의 공통된 조상어(protolanguage)에서 갈라졌다고 추정되는 '어족

(Language Family)'을 이룬다. 최소 200개 어군을 초과해서 통합하는 6대 어족이 세계의 85.5%의 인구에게서 사용되는 63.3%(4,493개 어군)의 언어를 포함한다. 이들 6대 어족은 아래와 같다.(Simons, 2018)

* 인도-유럽어족(Indo-European: 444개 어군, 45.6% 인구) : 인도, 프랑스, 독일, 영어, 스페인, 포르투갈어
* 함-셈 어족(Afro-Asiatic: 366개 어군, 7.3% 인구) : 아랍어, 에티오피아어, 이집트어
* 남도 어족(Austronesian: 1224개 어군, 4.8% 인구) : 인도네시아어, 필리핀어, 뉴질랜드어, 말레이시아어
* 아프리카 어족(Niger-Congo: 1527개 어군, 7.6% 인구) : 아프리카 원주민 언어
* 중국티베트어족(Sino-Tibetan: 453개 어군, 20% 인구): 중국어, 베트남어, 네팔어
* 트란스뉴기니아어족(Trans-New Guinea: 479개 어군, 0.05% 인구): 동티모르어, 파푸어뉴기니아어

나머지 14.5%의 인구가 모두 36.7%(2,604개 어군)의 언어를 사용하는데, 모두 144개의 어족으로 흩어져 있으며, 고립된 언어도 적지 않아, 한국어나 일본어가 그렇게 고립된 언어의 하나로 여겨지기도 한다.

(1) 세계 언어의 표현형식

한국어는 우랄알타이어족에 포함되기도 하는데, 이는 우랄어족과 알타이어족을 아우르는 대어족의 개념이나, 한국어의 조상어에 대한 당

위성에 대해서는 의견이 분분하다. 혹자는 터키어, 몽고어, 퉁구스어, 한국어, 일본어, 만주어 등을 알타이 어족으로 따로 구분하는 가설도 있다. 이에 세계의 언어는 그 표현방식에서 크게 3대 언어유형으로 나뉜다. 굴절어, 교착어, 고립어가 그것이다. 아래에서 이들의 표현방식을 간단히 비교해보면 아래와 같다.

* 굴절어: 단어 자체가 형태변화를 한다. 인도유럽어족과 함-셈어족이 이에 포함된다.

예) **I** ↔ my(←m-**i**) ↔ me(←m-**i**) ↔ m-**i**-ne

* 교착어: 단어에 조사나 어미를 교착시킨다. 우랄어족(핀란드어, 헝가리어)과 알타이어족(터키어, 몽골어, 만주퉁구스어)이 이에 포함된다.

예) 몽골어: Dani-(**yin**) kumu-(**s**) tariyalang-(**un**) ajil-(**i**) kiju bui.

덴마크(의) 사람(들) 농사(ㅅ) 일(을) 하고 있다

* 고립어: 형태변화나 접착어가 없고 어순으로 문법관계를 표시한다. 중국티베트어족(중국어)이 이에 포함된다.

예) 중국어: Wo我 ai愛 ni你

→ Ni你 ai愛 wo我

(2) 링구아프랑카

중세시대 지중해 항구에서 쓰여지던 무역언어로, 당시는 대개 오늘의 이탈리아어계통에 그리스어, 아라비아어의 요소가 섞여 있었다.

'혼성국제어(Lingua Franca)'의 뜻이며, 현대의 '국제어(영어)'에 준하는 의미로 사용되었다. 이후 '링구아프랑카'의 내용은 지역마다 다르다. 단일어로서 프랑스어도 한때 '링구아프랑카'로 대접받던 시절이 있었으며, 범아프리카 지역의 '링구아프랑카'는 스와힐리어(Swahili)가, 서부아프리카는 하우사어(Hausa)가, 1000개의 언어가 쓰이는 인도에서는 영어와 힌디어(Hindi)가, 파키스탄에서는 우르두어(Urdu)가 링구아프랑카이다. 로마카톨릭교회의 링구아프랑카는 라틴어이며, 세계 도처 유대인의 링구아프랑카는 이디시어(yiddish)로 독일어, 슬라브어, 히브리어가 혼성되어 있다.

(3) 피진어와 크레올어

① 피진어(Pidgin: 통상어)란 링구아프랑크로 쓰이며, 문법이 간단하고 700~2,000개 정도의 제한된 어휘만 쓰이되, '모국어'로 여기지는 않는 언어이다. 피진(Pidgin)이란 영어 단어 'Business'의 중국계 발음에서 비롯되었다 완전한 자연언어가 아니라 복잡한 문법규칙이 없는 주변언어로서, 영어를 기반으로 만들어진 톡피신(Tok Pisin: Melanesian Pidgin English)이 피진어의 한 예이다.

② 크리올어(Creolo: 공용어)는 공동체의 토박이 말로 굳어진 피진어(Pidgin)이다. 피진어가 그 사용자들의 자손들을 통하여 한 민족의 모국어로서 공용어의 지위를 확립하면 그때부터는 '크리올어'라고 해야 한다. 크리올이란 말은 신대륙 발견 뒤 아메리카 대륙에서 태어난 에스파냐인의 자손을 일컫는 크리올(Creolo)에서 비롯되었다.

* 이들 언어는 각기 다른 언어를 사용하는 집단끼리 의사소통을 하

기 위해 생겨난 혼합어로 어떤 언어를 토대로 했는지에 따라 분류할 수 있다. 또 이들이 분화되어 생겨진 언어들의 친족 관계도 살필 수 있는데 예를 들어 영어를 기초로 한 크리올어인 비슬라마계 언어, 즉 비슬라마어, 톡 피신어, 솔로몬 제도 피진어 등은 서로의 유사성이 확연하며 어느 정도 상호 의사 소통도 가능하다. 그러나 이 세 언어는 멜라네시아라는 한 지역에서 자생적으로 발생한 피진이기 때문에 멜라네시아 외 지역에서 발생한 영어 피진, 즉 하와이 크레올 영어, 자메이카 크레올 영어 등과는 상호 이해도가 아주 낮아 토대 언어가 같다고 해서 한 갈래로 나누기에는 문제가 제기된다는 의견도 있다.

2) 지역사회 언어

언어는 시대와 지역은 물론 심리와 상황에 따라서도 변한다. 특히 사회변이(social variation)는 계층방언(class dialect)을 포함하는 폭넓은 개념으로서, 일반적으로 '방언'이란 지역변이, 사회변이, 계층변이를 모두 함께 지칭할 수 있다.

계층이란 생래적인 계층으로서 성별차(남성어, 여성어), 연령차(아동어, 성인어)와 함께 기생적인 계층으로서 계급차(상류어, 하류어), 분야차(전문어, 학술어), 직업차(채삼어, 승려어), 집단차(학생어, 군대어)를 폭넓게 가리킨다. 그 외에도 상황방언은 상황에 따른 심리적 변화로 야기되는 '말투'와 관계된 방언이다. '격식말투'와 '일상말투' 등이 이에 해당한다.

(1) 지역방언 대표적인 예로 어휘 '부추'의 방언형은 어원이 크게 다른 '부추'계, '솔'계, '정구지'계 등으로 나눌 수 있다. 어휘 '부추'의 지

역방언의 변이는 어원(부추↔솔↔정구지), 음성(솔→졸, 소불→소풀), 형태소(쉐우리↔정구지) 등의 차이에서 야기한다.

* '부추'계: 부추, 부초, 분추, 분초, 푸추, 뿐추(경기, 강원의 방언형)
* '솔'계: 솔, 소불, 소풀, 졸, 줄(충남, 전남북의 방언형), 쉐우리(제주)
* '정구지'계: 정구지, 정고지(경상도)

(2) 집단방언으로는 다음과 같은 집단사회 언어들을 들 수가 있다.

* 금기어(taboo): 구성원들이 거부감을 가지므로, 사용이 금지되고 제약 받는 말이다.

예) 죽다〉 돌아가시다, pass away/ 변소〉 화장실, rest room

* 완곡어(euphemism): 혐오스런 표현이나 감정을 해칠지도 모를 일을 부드럽게 완화해서 나타내는 표현. 상황에 따라 적절하게 완곡어를 사용하면 금기어를 썼을 때의 불쾌감을 피할 수 있고 예의와 품위를 지킬 수 있다

예) 안되다〉 재고하다/ 어렵다〉 노력하다/ 항문〉 학문, 창문

* 속어(slang): 일반적으로 용인된 것은 아니나, 거의 누구에게나 이해되는 개념으로, 모든 지위의 사람들이 때때로 하는 말이다. 수명이 짧아 빨리 잊혀지나(bebop: 재즈의 일종, cat's pazama: 잠옷바지), 표준어의 일부가 되기도 하며(jazz: 재즈, tv: 텔레비전), 세대와 지역마다 다르다. 옛 단어를 새 단어에 결합시키거나(laid back: 뒤로 젖히다/ uptight: 근심스러운) 새 의미로 지정(cool: 좋은)하기도 한다.

* 비속어: 역시 속어(slang)이나 욕설(눈깔, 배때기)에 해당한다. 언어의 폭력성을 조장하기도 하나, 지나친 살의나 악의가 없이 쓰일 때 제한적이나마 서로 터놓고 지내는 사이를 과시는 사교의 기능을 인정받기도 한다.(강범모: 283)

* 은어(cant[범죄은어], jargon[직업은어]): 고립되거나 특수한 집단의 구성원간에서, 본뜻을 감추거나 유대감을 높이려고 차별화된 과시적, 해학적인 언어이다. 보통어와의 차이는 주로 어휘에 있으며, 변형된 짧은 문장을 쓰기도 한다.

예) 레알(real), 엠이(엄마: 초등학생용)

11. 언어와 심리

이성적 사고가 곧 언어라면, 구체적인 의사소통 상황에서 발화를 가능하게 하는 내적 원리와 감성이 곧 심리이다. 심리란 이성적 사고의 이면에서 무의식적으로 작용하므로 눈에 보이지 않는 것이어서 구체적으로 따져보기가 쉽지 않을 법하나, 촘스키(Chomsky)는 인간이 언어를 습득하여 사용할 수 있는 능력은 타고나는 것이며, 이 능력은 심리적으로 실재하는 것이라고 가정한다. 심리적으로 실재한다는 것은 뇌의 작용을 말한 것이니, 뇌의 작용과 상관하여 다소나마 그 작용에 관여하고 이를 관리하기 위해서는 심리적 실체를 지나칠 수가 없다. 심리에 관하여서는 동양의 철학자들 또한 두루 이를 언급해 왔으니, 그중 비교적 오래 된 고찰의 하나가 '사단칠정'론이다. '사단'이란 도덕적 가치의 실마리로서, 『맹자』의 '측은, 수오, 사양, 시비'의 마음을 말하며, '칠정'이란 타고난 감정으로서, 『예기』의 '희, 로, 애, 락, 애, 오, 욕'을 말한다. 남송 시대에 주희에게서 집대성된 성리학의 '성리(性理)'가 범우주적 관점에서 심리를 정의한 것이라면 범인류적 관점에서 심리를 정의한 것이 이황의 '이기(理氣)'이다. '이기'란 사단을 '이(理)'에서, '칠정'을 '기(氣)'에서 나오는 마음으로 파악한 것이다. 사람은 이와 기를 모두 가지고 있고, 마음의 작용은 '이'에서 나오는 것과 '기'에서 나오는 것으로 구분된다 하였다. 이에 이이는 '이'와 '기'의 유래가 다르지 않음을 또한 지적하였으니, 모두가 심리의 작용에 주목하고 있었음을 보여준다.

11.1. 심리의 특성

사고가 이성적 생각을 가리킨다면 심리란 오성적 생각에 가깝다. 앞서 '인간과 사고'에서는 사고의 두 가지 특성을 지향성과 주관성의 측면으로 파악할 수가 있다고 여겼다. 개인의 측면에서 이러한 심리가 사고와 언어, 더 폭넓게는 문화와 사회와 함께 이루는 동심원의 가장 깊은 중심을 차지하고 있는 모습은 〈그림 111〉과 같다. 결국 심리란 사고의 원동력으로서의 정신이다. 『정신, 언어, 사회』를 지은 존 설의 견해를 참고하자면, 심리특성은 크게 사고의 지향성 측면과 사고의 주관성 측면의 두 가지 방향에서 이를 살펴볼 수가 있다.

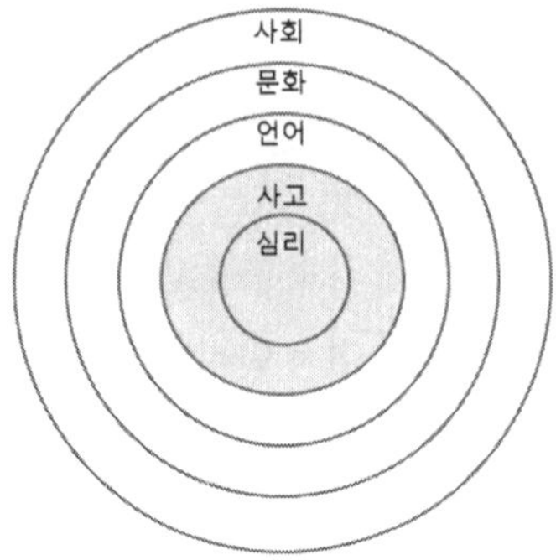

<그림 111> 심리를 중심으로 하는 개인과 사회의 주관성과 지향성의 관계도

1) 사고의 지향성

① 범람성: 끊임없이 다른 생각들을 상기시켜준다. 즉 과거 경험의 맥락에서, 그는 누구를 닮았다는 등 생각이 꼬리를 문다.

② 통합성: 일련의, 혹은 동시다발적 잡다한 정보에 대한 원형성을 지닌다. 단일 경험으로 전환될 때 우리의 관심은 멋대로 편중되기 십상이므로, 경험은 '최선의' 교사가 아니다. 함께 데리고 살던 개가 주인의 암을 조기에 발견하게 해주었다면 이때 그 개는 후각 중심으로

자신의 경험을 통합한 예에 해당할 것이다.

③ 상황성: 항상 주변에 민감한 감각의 상태에 있다. 일정한 경험은 항상 그 상황에서의 계절, 장소, 일시 등의 기억과 함께 회상된다. 더러 우리가 숙면의 상태에 빠져서 이성적 사고가 마비된 상태일 때도 우리는 어디선가 희미하게 들리는 사람들의 소음이나 코를 찌르는 연기냄새 등을 통하여 뜻밖의 다급하고 위험한 화재나 혹은 또다른 비상사태가 발생하고 있음을 직감하고 수면중인 의식을 깨워 일으키기도 한다.

④ 정합성: 불완정한 자극도 구조화한다. '게슈탈트(형태) 심리학자'들의 시각경험례가 좋은 예들을 제공해줄 것이다. 예컨대 〈그림 112〉의 조개껍질은 몇 개의 작은 구멍이 뚫려 있을 뿐이지만, 이를 바라보는 사람들의 심리에는 어렵지 않게 '얼굴모습'의 주제가 떠오른다.

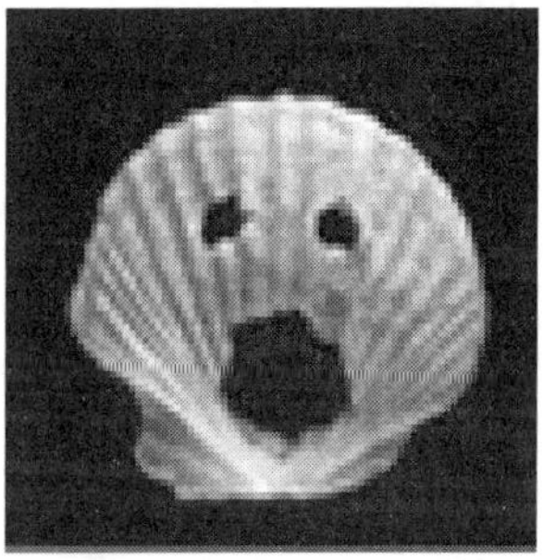

<그림 112> 얼굴 이미지 조가비

⑤ 주목성: 의식 대상들에서 주목받는 초점에 차이가 있다. 중심부와 주변부에 대한 주목 강도가 다르며, 초점은 바뀔 수도 있다. 예컨대 책상에 앉아 컴퓨터를 치다 보면 처음에는 다소간 의자가 불편하다고 느껴지나 작업에 몰입하면서 의자에 대한 불편함은 사라지면서 컴퓨터 모니터의 화면에서 편안함을 느끼게 된다. 혹은 그 반대로 모니터의 화면에서 편안함을 느끼다가도 작업에 흥미를 잃으며 점차 딱딱한 의자의 불편함 때문에 심리는 다시 피곤함을 느끼기 시작하기도 할 것이다.

2) 사고의 주관성

① 친숙성: 과거경험을 상기하며 다양한 경험중 친숙성이 나뉜다. 예컨대 여행지의 나무나 사람들을 바라보다 보면 문득 고향이 연상되곤 하는데, 이 때문에 여행지에서 남다른 친숙성을 느낄 수가 있게 된다. 이러한 친숙성을 탈피하려는 예가 초현실주의에서는 '늘어진 시계'와 같은 형상으로 나타나기도 한다. 〈그림 113〉은 롯데그룹의 로고인데, 이들이 왠지 친숙하게 느껴졌다면, 아마 이를 통해 활짝 웃는 사람의 경험적 기억을 떠올린 때문인지도 모른다.

<그림 113> 얼굴 이미지 로고

② 감성: 의식은 유쾌하거나 불쾌하거나, 항상 일정한 기분에 젖는다. 이 때문에 좋은 소식을 들으면 우쭐하거나, 나쁜 소식에 곧 침울해지기도 한다. 동일한 경험이 양 느낌을 동시에 지닐 수도 있는데, 이 때문에 유쾌한 느낌을 가지기 위하여 노력한다면 일정량 심리상태를 호전시킬 수도 있을 것이다.

11.2. 심리의 역할

1) 범람성의 원리

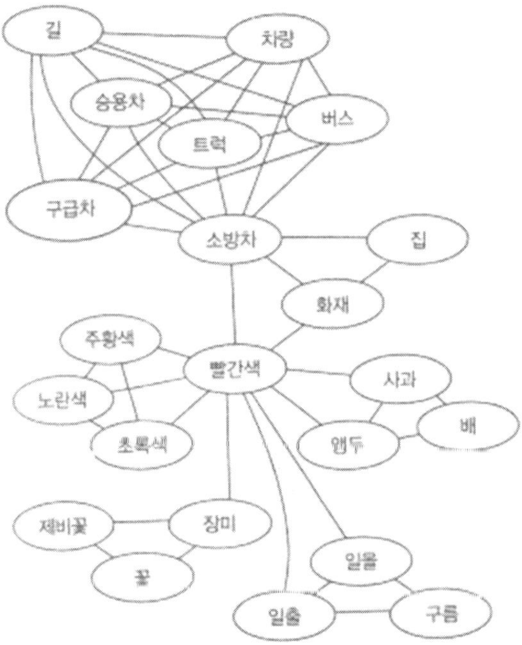

<그림 114> 심성어휘집의 확산모형

심리 상 특성으로서의 범람성은 의식이 활성화하는 과정의 심리 현상과 관련되어 있으며, 이때 의식이 확산하는 모습은 대개 〈그림 114〉의 '심성어휘집(internal lexicon)의 확산모형'과 같다. 여기서 심성어휘집이란 '영구기억속에 저장된 낱말정보들의 집합'으로서 이들 단어들은 서로 연결고리들로 맺어져, 의미 정보의 위계망을 이루게 된다. 에치슨(Aitchison)에 따르면 심성어휘집은 사전체계나 전자DB가 따르기 어

려운 체계적인 토대 위에 조직된 것임을 보여 주는 증거가 매우 많다. 첫째, 학교교육을 받은 영어의 성인 원어민이 알고 있고 잠재적으로 사용할 수 있는 단어의 숫자는 5만을 능가할 수도 있다. 이처럼 높은 수치의 단어를 총체적으로 관리한다는 사실은 어휘집이 체계적인 토대 위에 조직되어 있다는 것을 보여 준다.(Aitchison: 25) 둘째, 요구하는 단어들이 그토록 신속하게, 1초도 안 되는 시간 내에 발췌될 수 있다는 것이 또 다른 증거이다. 때로는 기억이 날 듯 말듯한 단어가 혀끝에 맴도는 현상(TOT: Tip of the Tongue)도 있고, 건강한 사람이 주의가 분산되면서 발화오류도 발생할 수가 있는데, 이 또한 심성어휘집의 조직과 운용이 얼마나 섬세하고 민감한 것인가를 방증해 주는 반면교사로 삼을 수 있을 것이다.

무엇인가를 '회상'한다는 말은, 사라졌던 의식을 다시 떠올린다는 것이지만, 그 기억은 실은 머리속에서 사라진 적이 없으며, 한시도 지금의 나와 단절된 적도 없었다. 다만, '범람'하는 사건들 속에 '통합'된 채 잠겨 있다가 우연한 계기에 새롭게 '주목' 받은 것일 따름이다. 비록 다른 끝자락에서나마 지금의 나라는 시공간의 언저리에 언제나 내게 속해 있으며, 함께 살아있던 나의 것이다. 비록 무질서해보이지만 이 때문에 인간의 뇌는 그 역할과 기능이 더욱 돋보이고 아울러 놀라운데, 결국 뇌 속의 모든 정보는 거대한 일련의 의미 정보 위계망을 형성하고 있는 것 같다. 이들은 크고 작은 단어들을 합성하기 위하여, 혹은 길고 짧은 문장들로 조합하기 위하여 끊임없이 서로 교통하며 필요한 자료들을 빛과 같은 속도로 발췌해내며 조합을 완수해 나가기 때문이다.

2) 정합성의 원리

심리 상 특성으로서의 정합성은 불완정하거나 중의적인 자극을 구조화하는 지향적 사고의 특성을 보여준다. 다음과 같은 실험은 정합적인 사고의 형태가 지니고 있는 심리현상을 엿보게 해준다.

<그림 115> 홑자가 중의적인 글자열

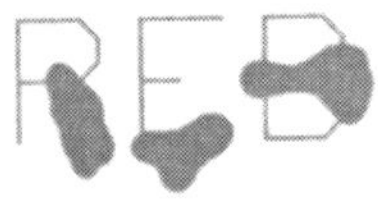

<그림 116> 모두가 중의적인 글자열

* 〈그림 115〉와 〈그림 116〉는 모호하고 중의적인 글자열이 방해를 주는 단어이다. 다만 우리의 뇌, 혹은 심리는 자동적, 무의식적으로 구조, 맥락을 통해 모호한 글자열을 추측하려고 할 것이다. 이에 〈그림 115〉에서의 중의적인 글자열은, 무의식적으로 기타 근거글자열 '~ISH'와의 상호관련 속에서 이것이 'FISH'일 것인을 알게 된다. 다만 〈그림116〉에서는 제시된 글자열 모두가 중의적이므로 심리적으로는 친숙성에 의존한 채 내재한 친숙한 정보가 떠오르지 않는다면 무슨 결론도 얻지 못한 채 이성의 단계로 이관될 것이다. 거의 동시적임에도, 이것이 'PED'이지는 않을지 재고할 수도 있으나, 이는 이미 이성적 추리 단계에 이관된 사유로서, '패드'의 뜻으로서는 'PAD'가 있을 뿐이라는 논리적 추론으로 얻은 결과이므로, 심리적 활동이 이미 이성적 논리활동과 연대한 결과로서의 사유였을 것임을 미루어 알 수가 있다.

〈그림 117〉은 'T~E', 'C~T' 등 상이한 구조의 글자열 사이에 놓인 동일한 중의적 글자열 'A'의 문제를 보여준다. TAE와 CAT은 모호

<그림 117> 상이한 구조의 중의적 글자열

한 글자열이 모두 A여서 물리적 형태가 같지만 '구조상' TAE에서는 H로, CAT에서는 A로 인식되는데, 이는 심리적, 이성적인 정합적 인식의 소치이다. 즉 중의적인 글자열은, 이성적으로 'T~E', 'C~T' 등 기타의 근거 글자열 구조에 바탕하면서, 친숙성 위주의 선택을 동반하는 정합적 정보처리를 수행한 것이다. 이처럼 경험에 바탕한 자동적인 정보처리 시도가 '정합성'의 심리를 반영한다.

3) 통합성의 원리

심리 상 특성으로서의 통합성은, 혹은 원형성으로 불릴 수도 있다. 통합적 의미로서의 원형의미를 통하여 그 일단을 살펴볼 수가 있을 것이다. 예컨대 아래 예문들에서는 영어에서 전치사 'at'이 지니는 다양한 파생의미를 살펴볼 수가 있다.

1. I met her **at** the hospital.	나는 그녀를 병원에서 만났다. (장소)
2. We left **at** 2 o'clock.	우리는 2시에 떠났다. (시간)
3. He was driving **at** 70 mph.	그는 70마일로 달리고 있었다.(속도)
4. What are you looking **at**?	너는 무엇을 보고 있니? (방향)
5. He shot **at** the bird.	그는 새를 겨누어 쏘았다. (목표)

이들 파생의미가 지니는 통합적 의미(원형의미)로서 '점'이라는 뜻은 장소, 시간, 속도, 방향, 목표 등 다양한 변이상황들에 관여하는 일정한 인식개념을 통합적으로 관리하는 심리적 경향을 살펴볼 수 있게

해준다. 이를 구체적으로 뜯어보면 아래와 같다.

1. 병원에서**[at]**: 병원을 일정한 '지점'으로 여긴 것이다. in을 쓸 수도 있는데 이는 병원을 '일정한 범위'로 인식한 때이다.
2. 2시에**[at]**: 시계에 매겨진 각각의 점을 척도로 여긴 것이다. 마찬가지로 더 큰 범주의 시간은 일정한 '범위'로 여겨지는바, 연, 월, 계절, 주 단위에는 in을 사용할 수가 있다.
3. 70마일로**[at]**: 자동차 속도계의 눈금을 속도의 척도로 삼은 것이다.
4. 무엇을**[at]**: 일정 대상을 '초점'으로 정하고 시선을 잇는 '방향'으로서의 귀향점을 뜻한다.
5. 새를**[at]**: 역시 '초점을 정하고 겨누어 쏘았다'의 뜻이니, '목표'로서의 귀착점을 뜻한다.

'at'의 다양한 파생의미는 '점'이라는 통합적 이미지(원형의미)에 수렴하는 경향을 보이다. 이는 통합성의 심리에 부합되므로, 불필요한 충돌을 최소화하면서 통일되고 일관되게 이를 이해하고 수용할 수 있으므로, 인지언어학적으로 뇌가 이를 보다 용이하게 기억하고 저장하도록 일조할 수 있다.

11.3. 심리의 작용

위의 〈그림 114〉에서는 '심성어휘집의 확산모형'을 살펴보았다. 그러나, 실은 심성어휘집에 저장된 저마다의 단어들은 서로 연결고리들로 맺어져, 사전체계나 전자DB가 따르기 어려운 체계적인 토대 위에 조직된 의미 정보의 위계망을 이루게 된다. 이에 우리가 가정해볼 수 있는 심성어휘집의 의미정보의 위계망의 기초적인 형태는 결국 〈그림 118〉과 같은 모습으로 나타날 것이다.

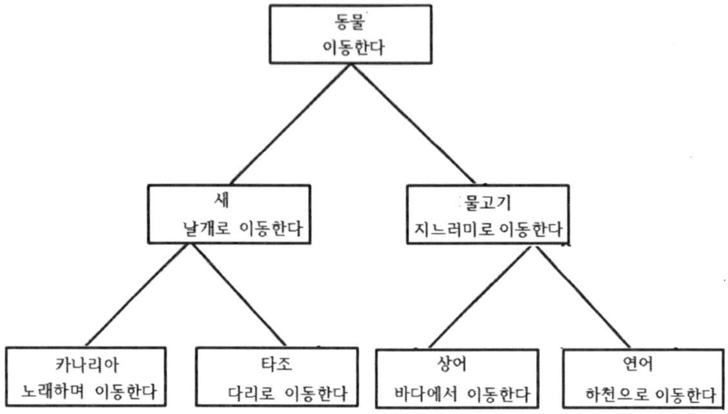

<그림 118> 심성어휘집의 의미정보 위계망

〈그림 118〉은 〈그림 119〉의 '나무그림1'과는 기본 개념이 같다. '나무그림'이란 촘스키가 변형생성문법에서, 심리속의 어휘집의 의미정보 위계망을 모방하여 언어의 구조를 도식화한 것이다.

즉 나무그림 〈그림 119〉는 〈그림118〉과 같은 심성어휘집의 위계망의 형태를 염두에 두고 실재하는 언어의 구조적 속성을, 인력과 척력의 관계, 즉 직접적으로 관계하는 구도로서 분석해놓은 것이다. 성인의 입장에서 완성된 문장을 위에서 아래로, 즉 나무

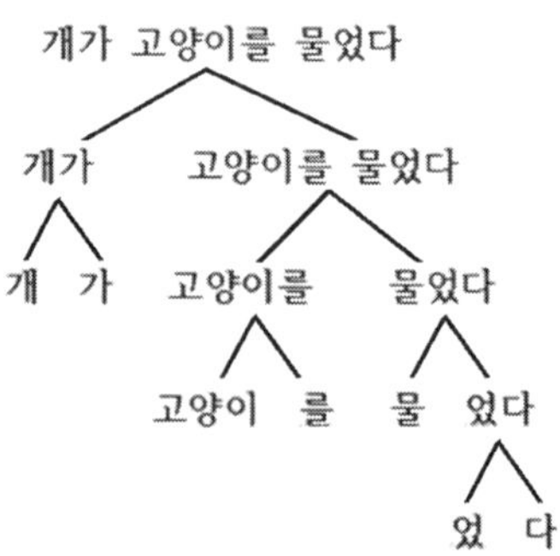

<그림 119> 나무그림1

밑동에서 가지 끝으로 따라 내려가기가 어렵다면 아동의 입장에서 이 그림을 바라보아도 좋을 것이다. 거꾸로 밑에서 위로, 즉, 가지 끝에서 나무밑동의 완성된 문장을 향하여 문장을 만들어가 보는 것이다. 촘스키에 따르면, 11세의 아동은 바로 언어의 이 구조에 완전하게 숙달이 된다.

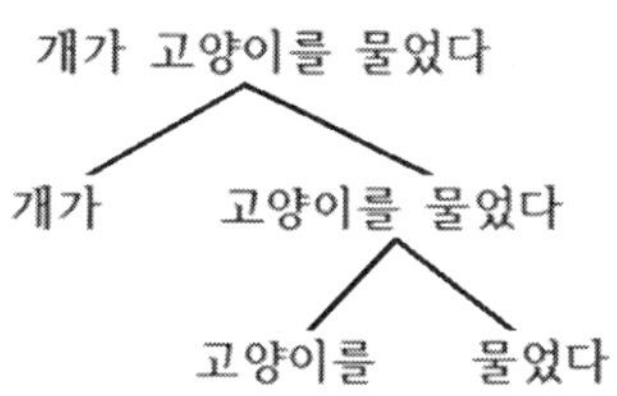

<그림 119-2> 나무그림2

한국어에서는 어미 혹은 조사와 접미사가 발달하였으므로, 어절의 구조 분석, 즉 아래쪽 가지 끝의 분석이 번거로울 수가 있다. 한국어의 조사와 접미사는 형태론보다 통사론에서 다루는 경향이 있기 때문이다. 영어의 단어는 접미사나 접두사의 대부분을 형태론에서 다루기 때문에 통사론은 오히려 한국어보다 단순할 수가 있는데, 따라서 대개 영어의 단어 수준으로까지, 즉 한국어의 어절 수준까지만 위의 예문을 나무그림으로 다시 표시해본다면 〈그림 119-2〉의 '나무그림2'가 곧 이와 같다.

12. 언어와 문자

글은 말과 달리 오래 보존되고 멀리 전파될 수 있다. 이 때문에 글은 말보다 전승의 능력이 탁월하다. 통시적인 전승만이 아니라 공시적인 확산 능력 또한 탁월한데, 이는 주로 기록될 수 있다는 특성에 비롯된 것이다. 기록됨으로써, 증거의 역할을 할 수 있으며, 지침, 즉 메뉴얼의 역할을 할 수 있는데, 바로 이러한 기록과 지침의 능력 때문에 문자는 전 세계적으로 모든 문화권에서 지배 계층과 피지배 계층을 구분하는 명확한 기준이 된다. 인쇄된 매체는 사람들에게 특별한 믿음을 주며, 이 때문에 모든 책임감 있는 언어생활은 글을 통해 기록되고 보존되기를 요구한다. 글이 특별한 신임을 얻게 된 것은 제정일치의 고대 이래 문화적 전통에서 기인한다. 서사활동이 보편화하기 이전, 아직 글이 제사장의 전유물이던 때 글은 신과의 교류 흔적으로서 특별한 주술력을 지닌 것으로 믿어지기도 했는데, 부적의 전통이 바로 이것이다. 즉 글말은 입말이 따르기 어려운 믿음을 주기 위한, 책임감 있는 엘리트로서의 능력의 척도가 되는 셈이다.

12.1. 문자와 상형

문자는 상징화된 부호체계의 한 가지이다. 이에 상형문자는 문화발생기에 인류가 사용하던 시원적인 문자의 체계로서, 오늘날의 대개

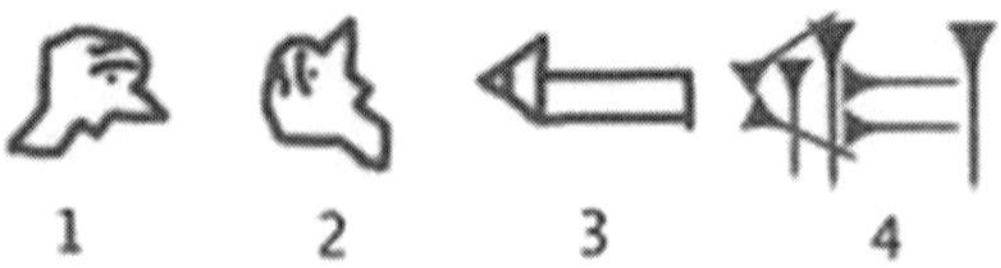

<그림 121> '머리'라는 뜻의 쐐기문자의 발전역사

의 문자는 모두 그 이러한 상형문자에 근거한 것이다. 문자는 그 상징화의 수법에서의 사실성과 추상성을 기준으로, 발전단계를 회화문자(pictogram: 그림글자)와 표의문자(ideogram: 뜻글자)로 나눌 수 있다. 가장 이른 시기의 문자는 대개 기원전 3천 년대에 이미 쓰이기 시작한 수메르 문자이다. 수메르 문자는 쐐기(설형)문자로도 유명한데, 비스듬히 절단된 파피루스 줄기의 절단면을 점토판에 대고 찍을 때 생긴 쐐기꼴의 획을 이용하여 비교적 추상화된 상태의 그림으로 그려진 문자가 이것이다. 〈그림 121〉은 수메르문자를 그 발전단계에 따라 정리한 표이며, 이 그림표의 4번의 그림단계[]가 대개 2500B.C.년 경에 쓰여진 쐐기문자이다. 같은 수메르의 문자이더라도 1, 2번 단계는 회화문자로서 1번은 3000B.C.년경의 회화문자이며, 2번은 2800B.C.년경의 회화문자이다. 3번 단계는 2600B.C.년경의 표의문자인데, 이는 다만 그 화법의 추상화의 정도를 구분한 것이다.

다만 일일이 그림을 그리다 보니 급속히 확산되는 인류의 사상을 적절히 표기 할 수가 없다고 여겨, 기원전 수세기 무렵에 표의문자는 이미 표음문자(phonogram: 소리글자)에 의해 도태되기 시작했다.

나폴레옹의 포병 장교가 알렉산드리아 근처 해변도시 로제타에서 발견한 로제타스톤은 바로 이러한 문자 대변혁기의 유물로서 널리 알려져 있다. 〈그림 122〉의 로제타스톤은 모두 세 가지의 문자가 한 면

<그림 122> 로제타스톤(정면)

<그림 123> 로제타스톤의 신성문자 부분

에 나란히 쓰여져 있어서 맨 위의 신성문자가 해독될 수도 있었다. 〈그림 123〉은 로제타스톤의 맨 윗부분에 쓰여진 신성문자 부분이다. 여기에 쓰여진 것은 모두가 상형문자이다. 다만 해독결과 이 신성문자는 비록 상형문자로 쓰여진 듯하나, 이미 표음문자로 변한 것이니, 오늘날 알파벳에 해당하는 상형문자였을 뿐이었음이 밝혀진 것이다.

오늘날 교류가 활발한 문화세계에서 표의문자, 곧 상형문자란 더 이상 쓰이지 않는 문자이다. 그리스, 라틴, 로마 문자는 모두 상형문자에서 자형을 빌어온 것이다. 그럼에도 우리가 이를 표의문자라 여기지 않는 것은 이들이 모두 표음문자화 하였기 때문이다.

상형문자, 즉 표의문자가 그냥 없어진 것은 아니며, 표의성만 사라지고, 그 자형의 일부가 '표음성'의 부호로 선택된 것이 오늘날의 표음문자이다.

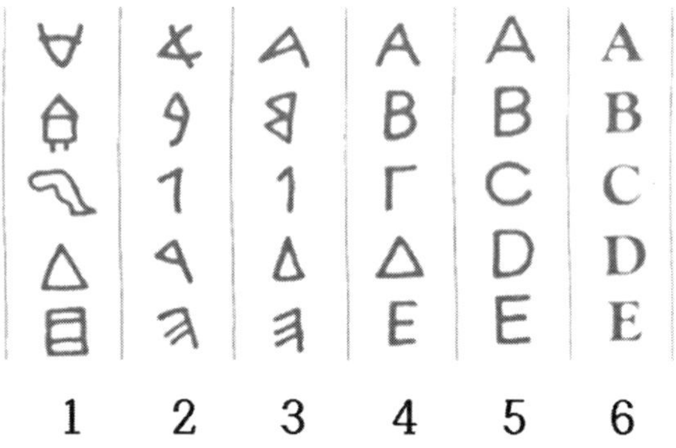

<그림 124> 영어 알파벳의 기원

1. 크레타 상형[선]문자(17-15C.B.C.)
2. 페니키아문자(11-10C.B.C.)
3. 초기그리스문자(8-7C.B.C.)
4. 고전그리스문자(6-4C.B.C.)
5. 라틴문자
6. 영어알파벳

예컨대 영어는 〈그림 124〉에서 보이는 것처럼 라틴어나 그리스어와 함께 페니키아어나 혹은 더 이르게 크레타의 상형문자에 그 근원을 두고 있으며, 일본어의 카다카나나 히라가나는 다시 한자에 그 근원을 두고 있다.

세계의 상형문자가 이미 쓰이지 않는 문자가 되었음에도 불구하고, 한자는 도태되기는 커녕 세계 1/4의 인구가 상용하는 문자로 정착할 수 있었던 주요한 이유가 바로 이것이다. 한자는 표의문자로서 오늘날까지 생존한 것이 아니라, 상형문자의 한계를 극복하고, 독특한 방식의 표음형식을 지녔기 때문에 비로소 생존할 수 있었던 상형문자이다. 그럼에도 한자를 여전히 표의문자라고 여기는 것은 반만 옳은 정의이다. 반은 표의문자이면서 반은 표음형식을 지닌다는 한자에 대한 특별한 정의는 주로, 고대의 상형문자가 극히 일부만 선별되어 표음문자화한 것이 아니라 전체가 그대로 표음형식을 지닐 수 있었다는 점을 말한 것이다. 표의와 표음의 기능을 함께 지닌 한자와 같은 형식의 문자는 오늘날 '로고문자', 곧 '단어문자'로서 그 독특하고도 엄연한 문자의 체계가 인식되고 이해되기를 아직은 기다리고 있는 측면이 있다. 아래에서는 로고문자로서 한자의 원리를 좀더 살펴보면서 언어와 관련한 이 책의 논의를 마치고자 한다.

12.2. 로고문자

'로고'란 '+', '-' 같은 부호문자이다. '더하기', '빼기', 혹은 '플러스', '마이너스'라는 소리에 '더한다'거나 '뺀다'는 뜻을 함

<그림 125> 나이키의 로고

께 나타내는 문자가 로고이다. 다만 〈그림 125〉의 나이키에 보이는 회사의 로고처럼 좀 복잡한 형태의 로고도 있다. 예컨대 '나이키NIKE' 는 '나이키NIKE'라는 소리와 '승리 Victory'라는 뜻이 분화되어 있기 때문에 좀 복잡해진 형태의 로고이다. 이를 간략하게 표현할 수도 있다. 오른편 아래 보이는 '나이키'는 '승리 Victory'의 뜻이 '나이키'의 소리를 중첩시켜 포함한 것이다. 학습의 결과 문화가 된 것이다. 'NIKE'에서처럼 분화가 되었든지, '나이키'에서처럼 중첩이 되었든지, 일정한 소리[시니피앙]에 일정한 뜻[시니피에]을 담고 있어 한 글자가 기본적으로 한 '단어'의 기능을 하므로, 이를 '단어문자', 곧 '로고문자'로 여기는 것이다. 〈그림 126〉의 윈도우의 로고도 그 원리는 〈그림 125〉의 나이키의 로고와 같다. 한자는 이처럼 '로고'를 보듯이 하면 쉬워진다. 예를 들면 '다섯'이라는 뜻의 '오五'라는 한자는 '오五'라는 소리에 '다섯五'이라는 뜻이 중첩되며 함께 담겨있으므로 비교적 간단한 형태의 로고이나, '(사람들) 무리'라는 뜻의 '오伍'라는 한자는 '오五'라는 소리와 '사람들亻'의 뜻이 분화가 되어 있으므로 좀 복잡한 형태의 로고이다.

<그림 126> 윈도우의 로고

모든 언어가 말소리를 위주로 소통을 하지만, 이를 기록하는 문자가 말을 옮기는 방식은 언어마다 다르게 나타나기도 한다. 현대의 다양한 '표음문자'는 이처럼, 크게 음소를 표기하는 음소문자(Phonography)와 음절을 표기하는 음절문자(Syllabography), 그리고 음절을 표기하되 표의의 기능도 겸하고 있는 로고문자(Logography: 단어문자)로 나누어 볼 수가 있다.

음소문자에는 한글의 훈민정음과 영어의 알파벳이 있다. 감정과 문화의 변화나, 발성기관의 조건에 따른 말소리의 변화에 기인하여 말소리는 쉽게 변화한다. 말소리의 변화는 때로는 화자 자신이 미쳐 깨닫지 못하는 경우도 많다. 변화가 미묘한 측면도 있지만, 변화가 문화화 하면서 이를 으레 당연시하게 되었기 때문이다.

말소리와 문자가 1대1 대응하면 이상적이겠으나, 영어의 음소문자 알파벳은 실제 사용하는 말소리보다 그 수가 턱없이 적다. 영어 화자가 실제 사용하는 말소리에는 모두 48개까지 음소가 쓰일 수가 있지만, 알파벳은 26개뿐인 점이 그러하다. 구조적인 한계 때문에 영어에서는 2개 이상의 소리를 가진 알파벳이 있을 수밖에 없다.

이처럼 달라진 말소리를 기록하는 문자는 말소리의 미묘한 변화를 다 따라 옮기기가 어려우므로, 이를 문자가 지닌 문화로서 이해하고 수용해야 할 측면이 생기게 된다. 달리 생각하면 말소리와 문자가 일정 부분 부조화를 낳는 셈이다. 음소문자는 음소를 표기하다 보니 이런 부조화를 추적하고 살펴보기가 비교적 용이하다.

비음소문자로는 음절문자와 로고문자가 있다. 음절문자로는 일본어의 카다카나(かたかな)와 히라가나(ひらがな)가 있다. 저마다 한 개의 문자가 모두 홀로 발성 가능한 독립된 발음, 곧 '음절'을 대표하기 때문이다.

로고문자도 말소리의 표현방식은 음소문자이거나 음절문자의 방식을 포함한다. 위에서 예로 든 '나이키NIKE'나 '윈도우Windows'는 말소리를 음소문자로 표현한 로고문자이다. 말소리를 음절문자로 표현한 로고문자가 바로 한자이다. 한자는 말소리를 음절문자로 표현한 것

임은 아래에서 일본의 문자를 통해 살펴볼 수가 있다. 일본어의 문자는 음절문자라고 했지만, 음절문자로 간주되는 일본어의 카다카나와 히라가나가 실은 한자를 빌어쓰고 있다는 점에서 한자가 음절문자의 속성일 것임은 쉽게 알 수가 있다. 카다카나(かたかな)와 히라가나(ひらがな)가 한자를 빌어쓴 양상은 다음과 같다.

카か는 '가加'의 필기체이다.
다た는 '태太'의 필기체이다.
나な는 '내奈'의 필기체이다.
히ひ는 '비比'의 필기체이다.
라ら는 '량良'의 필기체이다.

카다카나 50음과 히라가나 50음이 모두 이와 같다. 다만 일본의 문자는 한자로부터 음절문자의 속성만을 뽑아서 빌려 쓴 것일 뿐이므로 음절문자가 된 것이다. 한자를 음절문자라 부르지 않고 로고문자라 부른 것은 음절문자의 속성에 더하여 표의문자의 속성을 여전히 지니고 있기 때문이다. '소리[시니피앙]'에 '뜻[시니피에]'이 더해지면 그것이 '말', 곧 '어휘'가 되고 '단어'가 되기 때문에 한자는 '단어문자', 곧 '로고문자'로 일컬리는 것이다.

로고문자로서의 한자의 특징을 좀 더 살펴보자면, 예컨대 '목木'은 '목木'의 소리와 '나무木'의 뜻이 한 개의 상형문자로 분화되지 않은 채 나타나므로 간단한 형식의 로고문자이다. '나이키 '나 '윈도우 Windows'와 같은 형식이다. 이에 대하여 복잡한 형식의 로고문자로서는

'목沐'을 들 수가 있는데, 이는 '목木'의 소리와 함께 '물로 씻다(氵=水)'의 뜻이 두 개의 상형부호로 분화되어 나타나 있다. '나이키 NIKE'나 '윈도우 '와 같은 구조이다. 다시, 아파트 몇 동(棟)이라고 말할 때의 '용마루'라는 뜻의 '동棟'이라는 로고문자는 '동東'이라는 소리와 함께 '(용마루) 목재(木)'라는 뜻이 두 개의 상형부호로 분화된 복잡한 형식의 예임이 '목沐'의 경우와 같다. 〈그림 127〉은 동일하게 '포包'를 소리로 안고 있는 로고문자들을 같은 원주에 나열해 놓고 이들을 서로 비교해볼 수 있게 한 도표이므로, 이를 통하여 로고문자가 다양하게 파생되어 나가는 일면을 엿볼 수가 있다.

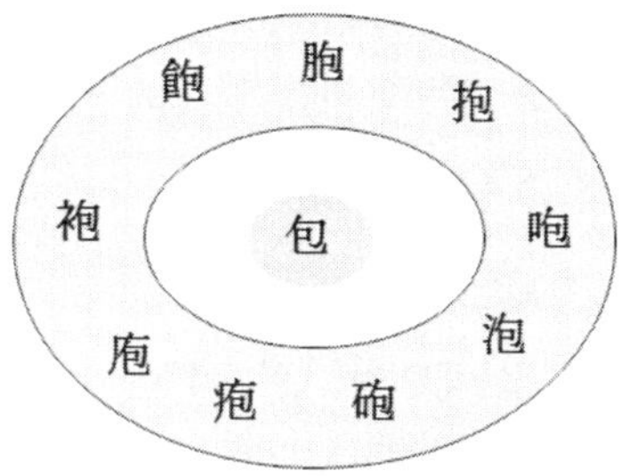

〈그림 127〉 '포包'를 소리로 가지는 로고문자
* 맨위에서 우측으로 분화된 뜻은 '신체의 태(月<肉)', '손으로 인다(扌<手)', '포효하다(口)', '물거품(氵<水)', '돌쇠뇌(石)', '붓는 병(疒)', '부엌집(广)', '도포옷(衤<衣)', '배부르다(食)'

12.3. 로고문자의 세계

로고문자가 표음문자인 바에야 피치 못하게 표음문자의 한계를 지니는 점은 음소문자와 같다. 감정과 문화의 변화나, 발성기관의 생리적 조건에 따른 말소리의 변화를 겪는다는 점이다. 예컨대 '나이키 NIKE'라는 소리가 'V '라는 뜻을 가진 근거는 그리스신화의 승리의 여신이 바로 '나이키 NIKE'이기 때문이다. 다만 그리스신화에는 '니케 NIKE'라는 여신이 있을 뿐인데, '나이키 NIKE'는 표음문자의 한계로, 문자는 그대로인데 말소리만 변화한 이 여인의 이름임과 같은 원리이다.

로고문자의 소리뿐만 아니라 로고문자 기호의 자형 또한 문화와 환경의 차이로 변화할 수가 있는데 먼저 자형이 변화하는 경향은 아래와 같다. 이는 한국과 대만의 한자나 중국의 간화자가 같은 원리이므로, 아래 예의 마지막 글자 '계발하다' 발(发)은 주로 중국의 간화자에서 쓰이는 한자를 일례로 포함시킨 것이다.

* 중복되고 충돌되면 획을 생략한다.

'솥' 부(釜)=소리 부(父) + 쇠(金)의 뜻

'섬' 도(島)=소리 조(鳥) + 산(山)의 뜻

* 조화로워진다면 획을 변형시킨다.

'어질다' 인(仁)=소리 인(人)+ 둘(二)의 뜻[35]

'계발하다' 발(发)=소리 팔(八)+ 벗(友)의 뜻[36]

한자도 로고문자여서 말소리를 표시하다 보니 말소리가 바뀌는 변화를 겪는다. 이는 '니케NIKE'라는 여신의 이름이 '나이키NIKE'로 바뀌며 문화로서 정착할 수 있는 표음문자에서와 같다. 로고문자에서 소리가 변화하는 경향은 감정과 문화의 변화나 발성기관의 생리적 조건에 따른 변화가 음소문자에서 일으키는 소리의 변화 경향을 모두

35) '어질다'의 뜻을 '둘(二)'이라 한 것은 관심과 사랑이 두 사람간의 일임을 말한 것이다.

36) '계발하다'의 뜻을 '벗(友)'이라 한 것은 서로 일깨우며 발전하는 관계를 말한 것이다.

포함한다. 그러므로, 여기서는 표음문자가 쓰이는 국어의 음운변화를 들어 생리적 조건에 따른 변화의 일단만을 엿보기로 한다.

* 값→갑/ 깝: '갑' 혹은 '깝'으로도 바뀔 수가 있는데 받침소리 'ㅄ'이 'ㅂ'으로 변한 것은 생리적 조건상 '끝소리 규칙'에 해당한다. '꽃값'을 '꼳깝'이라 할 때의 '깝'에서와 같다.

* 독립→동닙: '동'의 'ㅇ'과 '닙'의 'ㄴ'은 '자음동화'의 결과인데 이는 '비음화'에 해당한다.

* 논리→놀리: '논'의 'ㄴ'이 'ㄹ'로 변한것도 '자음동화'에 해당하나, 이는 '설측음화'의 경우이다.

* 같이→가치: '같'의 'ㅌ'이 '치'의 'ㅊ'으로 변한 것은 발음기관의 생리적 조건상 '구개음화'한 때문이다.

* 힘→심: '뚝심'이니 '뒷심'에서처럼 '힘'의 'ㅎ'이 'ㅅ'으로 변한 것도 '구개음화' 때문이다.

* 꽃잎→꼰닙: '꽃'이 '꼰'으로, '잎'이 '닙'으로 모두 'ㄴ'으로 바뀐 것은 '사잇소리 현상' 때문이다.

* 옷고름→옫꼬름: '고'가 '꼬'로 바뀐 것은 '된소리되기' 때문이다.

12.4. 로고문자의 구조

로고문자의 소리(음: 성), 뜻(형)이 위치하는 형태는 〈그림 128〉의 네 가지와 〈그림 129〉의 두 가지로, 모두 여섯 가지가 있다. 좌우, 상하, 내외를 구분하는 세 가지 유형에서 소리와 뜻이 역전되므로, 모두 여섯 가지의 경우로 나타난 것이다. 먼저 〈그림 128〉의 '로고문자의 소리(음: 성), 뜻(형)이 위치하는 유형1'에서 보이는바, '좌형우성'이란 뜻이

<그림 128> 로고문자의 소리(음: 성), 뜻(형)이 위치하는 유형1

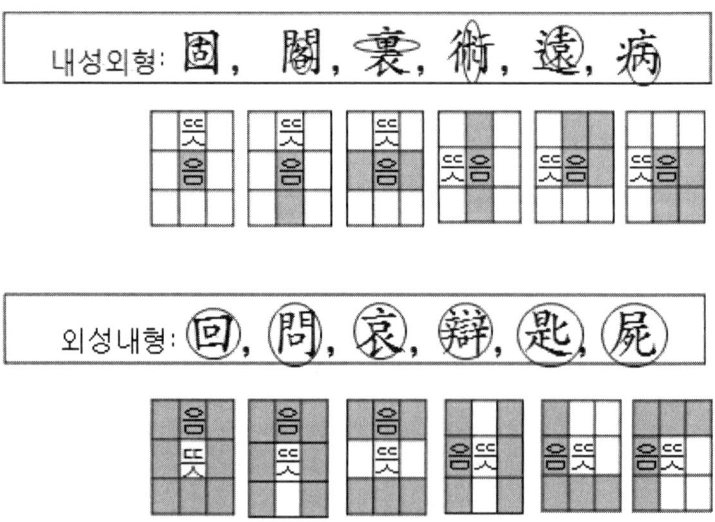

<그림 129> 로고문자의 소리(음: 성), 뜻(형)이 위치하는 유형2

왼편에, 소리(음)가 오른편에 자리 잡는 형태이며, '좌성우형'이란 반대로 소리(음)가 왼편에, 뜻이 오른편에 자리 잡아 역전되는 형태이다. 다시 '상형하성'이란 뜻이 위에, 소리(음)가 밑에 자리 잡는 형태이며, '상성하형'이란 반대로 소리(음)가 위에, 뜻이 밑에 자리 잡으며 역전되는 형태이다. 그 아래 〈그림 129〉의 '로고문자의 소리(음: 성), 뜻(형)이 위치하는 유형2'에서 보이는바, 내성외형이란 소리(음)가 안에, 뜻이 겉에 자리 잡는 형태이며, 다시 내형외성이란 반대로 뜻이 안에, 소리(음)가 겉에 자리 잡으며 역전된 형태이다. 한 글자 안에 서로 대립되는 역할이 조화를 이룬 것이니, 이러한 원리를 널리 활용할 수 있었던 심리적 바탕에는, 이것이 음양이 조화를 이룬 가장 자연스런 형태라는 믿음이 깔려 있었다.

참고문헌

강성태, 『강성태 66일 공부법』 (파주: 다산북스, 2016)
과학세대편저, 『동물 행동의 신세계』, 미래과학총서7, (서울: 벽호, 1997)
김동섭, 『언어를 통해 본 문화 이야기』 (서울: 신아사, 2013)
김진우, 『언어와 심리』 (서울: 한신문화사, 1994)
김진우, 『언어와 문화』 (서울: 중앙대학교출판부, 1996)
로버타 미치닉 골린코프(Golinkoff, Roberta Michnick); 캐시 허시-파섹, 문채원 옮김, 『아이는 어떻게 말을 배울까: 아기 안에 잠든 언어 능력 깨우기』 (서울: 교양인, 2010)
박문호, 『(그림으로 읽는) 뇌과학의 모든 것』 (서울: Humanist, 2013)
박의재; 황인태; 박소영 공저, 『영미언어와 문화』 (고양: 한신문화사, 2006)
우윤식, 『인간언어의 이해』 (서울: 역락, 2004) p.72
윤성노, 「언어 진화에 대한 기호-인식론적 소고」, 『기호학 연구』 40집, 한국기호학회, 2014.
이용권, 「보편문법과 유형학 연구-언어 보편소를 중심으로-」, 『노어노문학』 제20권 제4호(2018) pp. 98~121
임병빈, 『언어의 이해』 (서울: 한국문화사, 1992)
장 자크 루소, 주경복 · 고봉만 옮김, 『언어 기원에 관한 시론』 (서울: 책세상, 2002)
전정예, 『언어와 문화』 (서울: 박이정, 1999/ 2016)
조명한, 『언어심리학』 (서울: 민음사, 1989)
조명한외11명, 『언어심리학』 (서울: 학지사, 2004)
존 설(John R. Searle), 심철호 옮김, 『정신, 언어, 사회』 (2000)
프란스 드 발(Waal, F. B. M. de), 이충호옮김, 『동물의 생각에 관한 생각』

(서울: 세종서적, 2017)

허웅, 『언어학개 론』 (서울: 샘문화사, 1983/ 1985)

Aitchison, Jean, 홍우평 역 『언어와 마음 Words in the mind』 (서울: 역락, 2004)

Bénédicte de Boysson-Bardies, 강옥경 · 김명순 공역, 『영아 언어의 이해』 (서울: 학지사, 2005)

Carroll, David W., 이광오 · 박현수 옮김, 『언어심리학』 (서울: 박학사, 2009)

David W. Carroll 지음, 이광오 · 박현수 옮김, 『언어심리학』 (서울: 박학사, 2009) p.489.

Paul Whitney 지음, 이승복 · 한기선 옮김, 『언어심리학』 (서울: 시그마프레스, 2009) p.8.

Pinker, Steven, 김한영 · 문미선 · 신효식옮김 『언어본능: 마음은 어떻게 언어를 만드는가?』 (파주: 동녘사이언스, 2008 개정2판/ 2013 6쇄)

Andersen, Henning, "Abductive and Deductive Change". *Language* 49-4 (1973), 765-793.

Andersen, Roger W., Expanding Schumann's Pidginization Hypothesis, *Language Learning*, 29, 1 (1979), 105-119.

Brown, R. & McNeill, D., "The 'tip of the tongue' phenomenon". *Journal of Verbal Learning and Verbal Behavior*. 5. 1966.

Ebbinghaus, Hermann, *ber das Ged chtnis - Untersuchungen zur experimentellen Psychologie*, Leipzig: Duncker & Humblot, 1885.

Hockett, Charles F.: "Linguistic Elements and Their Relation" in Language, 37: 1961. 2953.

Chomsky, Noam, *Syntactic Structures*. 's-Gravenhage: Mouton & Co, 1957.

Edelman, Gerald M., *Second Nature: Brain Science and Human Knowledge*, New Haven: Yale University Press, 2006.

Fillmore, C.J. "The Case for Case". In *Universals in guistic Theory*. Emmon Bach and Robert T. Harms eds. New York: Holt, Rinehart and Winston, 1968, 1-90.

Greenberg, Joseph H., "Some Universals of Grammar with Particular Reference to the Order of Meaningful Elements". *Universals of Human Language* 4 (1978)

Hall, Edward T., *The Silent Language*, Doubleday & Company, Inc., Garden City, New York, 1959.

Lehrman, Daniel S., "Critique of Konrad Lorenz's theory of instinctive behavior". *Quarterly Review of Biology* 28 (4) (1953), 337-363.

McCormick, L. and Schiefelbusch, R. L., Early Language Intervention, *Columbus*, OH: Merrill/ Macmillan, 1984

McNeill, David, The Creation of Language by Children, *Psycholinguistic Papers*, J. Lyons and R. J. Wales eds. Edinburgh: Edinburgh Univ. Press, 1966, 99-132

Piaget, J., The Relation of Affectivity to Intelligence in the Mental Development of the Child, *Bulletin of the Menninger Clinic*, Topeka, Kan. Vol. 26, Iss. 3, (1962): 129.

Sapir, Edward, *Language: an introduction to the study of speech*,(New York: Harcourt, Brace and Company, 1921.

Schlesinger, I.M., The Role of Cognitive Development and Linguistic Input in Language Acquisition, *Journal of Child Language*, 4, (1977) 153-169.

Schumann, John H., Second Language Acquisition: The Pidginization Hypothesis, *Language Learning*, 26, 2 (1976), 391-408.

Simons, Gary F. and Charles D. Fennig (eds.). 2018. *Ethnologue:*

Languages of the World, Twenty-first edition. Dallas, Texas: SIL International. Online version: http://www.ethnoiogue.com.

Skinner, B.F. *Verbal Behavior*, N.Y,: Appleton-Century-Crofts. 1957

최동표

백석대학교 교양학부 강사

대표저서

『한자정석』

최경진

백석대학교 어문학부 교수

대표저서

『당시, 그림을 만나다』

간명한 언어와 문화

초판 발행 _ 2019년 3월 1일

저　자 • 최동표 · 최경진
발행인 • 정 현 걸
발　행 • 신 아 사
인　쇄 • 대명프린팅
주　소 • 서울시 은평구 통일로 59길 4 (2F)
전　화 • 02)382-6411 · 팩스 02)382-6401
홈페이지 • www.shinasa.co.kr
E-MAIL • shinasa@daum.net
출판등록 • 1956년 1월 5일 (제9-52호)

ISBN 978-89-8396-334-5(93750)

저자와의 협의로 인지를 생략합니다.

정가 13,000원